Gesundheit und Soziales

Persönliche und berufliche Perspektiven

Autorenteam:
Redaktion
Klett-Auer

Beraterin:
Inge Hochgesang

Ernst Klett Verlag
Stuttgart · Leipzig

2. Auflage

2 7 6 5 4 3 | 17 16 15 14 13

Alle Drucke dieser Auflage sind unverändert und können im Unterricht nebeneinander verwendet werden.
Die letzte Zahl bezeichnet das Jahr des Druckes.

Programmbereich Klett-Auer

Autorenteam: Redaktion Klett-Auer
Beraterin: Inge Hochgesang, Königslutter

Herstellung: Dominik Staudacher

Innengestaltung: Gourdin & Müller, Leipzig
Illustrationen: Hendrik Kranenberg, Drolshagen
Satz: krauß-verlagsservice, Augsburg
Druck: Druckhaus Götz GmbH, Ludwigsburg

Printed in Germany
ISBN 978-3-12-006630-9

9 783120 066309

Inhaltsverzeichnis

Das erwartet dich in diesem Heft

In meinem Beruf möchte ich später einmal für andere Menschen da sein können. Aber ich weiß noch gar nicht so genau, welche Berufe es in dieser Richtung gibt. Deshalb habe ich mich für das Profilfach Gesundheit und Soziales entschieden.

M1 Gesundheit und Soziales – ein Berufsfeld für die Zukunft?

Dieses Heft hilft dir herauszufinden, welche Berufe es im Bereich Gesundheit und Soziales gibt und was in diesem Bereich besonders wichtig ist:

Portfolio d92v4d

Kapitel 1: Berufsbereich Gesundheit und Soziales
Hier bekommst du einen Überblick über die vielen verschiedenen Berufe im Bereich Gesundheit und Soziales.
Welchen Beruf könntest du dir für dich vorstellen?

Kapitel 2: Notwendige Fähigkeiten im Berufsbereich Gesundheit und Soziales
Hier werden zum einen die sogenannten Schlüsselkompetenzen für Berufe im Bereich Gesundheit und Soziales untersucht und zum anderen deine Fähigkeiten unter die Lupe genommen. Passt beides zusammen?

Kapitel 3: Lebenslanges Lernen
Hier erfährst du, warum lebenslanges Lernen wichtig ist und wie Weiterbildungsmöglichkeiten im Bereich Gesundheit und Soziales aussehen können. Wie kann dein persönlicher Lernweg aussehen?

Kapitel 4: Beruf und Privatleben
Hier wird untersucht, welche Möglichkeiten es gibt, Berufs- und Privatleben gut miteinander zu vereinbaren und wie die Geschlechterrollen damit zusammenhängen. Wie stellst du dir dein Berufs- und Privatleben in der Zukunft vor und welches Rollenverständnis hast du (z. B. in Bezug auf die Aufgabenverteilung im Haushalt)?

Kapitel 5: Der Europäische und der Deutsche Qualifikationsrahmen (EQR, DQR)
Hier erfährst du, was die Begriffe „Europäischer" und „Deutscher Qualifikationsrahmen" bedeuten, welchen Einfluss sie auf die Bildung und den Arbeitsmarkt haben und was das mit dir zu tun hat.

1. Kommentiere, warum du dich für das Fach Gesundheit und Soziales entschieden hast. Konntest du während deiner Schulzeit schon einmal Erfahrungen in diesem Bereich sammeln?
2. Nennt in einem Brainstorming alle Fragen, die ihr zum Thema Berufe habt.
3. Präsentiert eure Fragen und ordnet diese den einzelnen Kapiteln zu.

Berufsbereich Gesundheit und Soziales

1

1.1 Was bedeutet eigentlich sozial?

M1 Kein Mensch lebt für sich allein

Jeder von uns ist ein Mitglied der Gesellschaft und gehört zu unterschiedlichen Gruppen. Das sind zum Beispiel euer Kurs, die Klasse, die Familie, der Sportverein, die Arbeitskollegen oder die Clique. Nicht immer kommen in Gruppen alle gut miteinander aus. Damit das Zusammenleben in einer Gemeinschaft funktioniert, muss sich jeder Einzelne bemühen, die Gedanken und Gefühle anderer zu verstehen und darauf einzugehen.

Alltäglich merken wir, dass unser Umgang mit den Mitmenschen an ***Emotionen*** gekoppelt ist: Wir helfen dem Bruder, der sich freut, wir freuen uns über die Einladung einer Freundin zum Geburtstag oder aber wir ärgern uns über die Reaktion der Eltern oder über die Pflichten, die uns zu Hause erwarten.

Der Erwerb von ***sozialen Kompetenzen*** beginnt mit der Geburt. Somit ist die Familie der Lebensraum zum Erlernen dieser Kompetenzen. Der Kindergarten und die Schule haben neben der Vermittlung von Wissen genau dieses Bildungs- und Erziehungsziel. Gerade die Ausbildung der

- ***Empathiefähigkeit,***
- ***Kommunikationsfähigkeit,***
- ***Konfliktfähigkeit und***
- ***Solidarität***

sind grundlegend dafür, sich sinnvoll in das Miteinander der Gesellschaft einzubringen und gut vorbereitet die Ausbildung anzutreten.

Besonders in den Berufen im Bereich Gesundheit und Soziales haben diese Fähigkeiten eine herausragende Rolle.

Glossar

Glossar

1. Erläutere die Aussage „Kein Mensch lebt für sich allein" in **M1**.
2. Setzt euch mit den Begriffen *sozial* und *unsozial* auseinander und erläutert sie.
3. Stellt *soziales* und *unsoziales Verhalten* gegenüber und entwickelt daraus eine Definition für „sozial" und „unsozial".
4. Vergleicht eure Definitionen mit denen im Glossar auf Seite 62.

Glossar

1

1.2 Soziale Einrichtungen und Einrichtungen des Gesundheitssystems

DIE TAFELN®
Essen, wo es hingehört

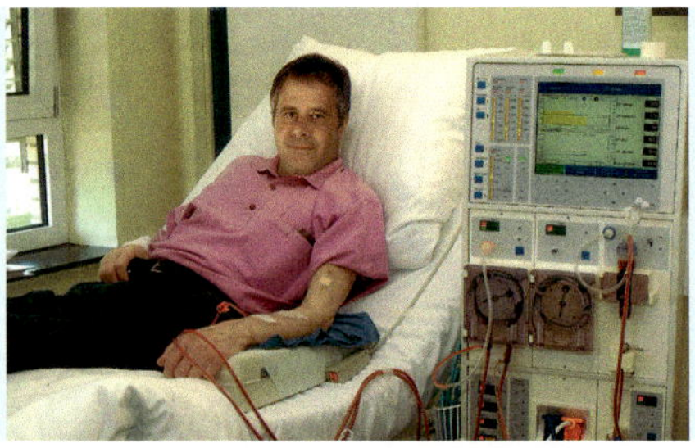

M2 Vielfältige soziale Einrichtungen und Einrichtungen des Gesundheitssystems

Jeder Mensch braucht Austausch und Hilfe. Dies findet nicht nur im privaten Rahmen durch Familie und Freunde statt, sondern wird auch über verschiedene ***soziale Einrichtungen*** und ***Einrichtungen des Gesundheitssystems*** organisiert. Die Menschen, die dort arbeiten, sind entweder angestellt oder leisten ***ehrenamtliche Arbeit***.

Glossar

Glossar

Soziale Einrichtungen

Soziale Einrichtungen unterstützen Menschen. Je nachdem, um welche Institutionen es sich handelt, haben sie unterschiedliche Ziele. Sie können ein Ort der Begegnung sein, an dem Menschen in ihrer Freizeit zusammenkommen (z. B. zu Konzerten, Lesungen, Festen). Genauso können sie Menschen unterstützen (z. B. durch Pflege, Betreuung, Bildungs- und Beratungsangebote oder materielle Güter).

In der Regel verfügen soziale Einrichtungen über eigene Mittel und Ressourcen (z. B. Räume, Mitarbeiter, Geld). Sie haben meist eine bestimmte Zielgruppe, auf die sie sich konzentrieren (Kinder, Familien, Kranke, Arme oder Obdachlose etc.) und deshalb bestimmte Ziele, die sie verfolgen. Soziale Einrichtungen orientieren sich nicht an Gewinn. Es geht ihnen also nicht darum, Geld zu verdienen.

Zu sozialen Einrichtungen zählen:

- Vereine: Musikverein, Spanisch-Deutscher-Verein, Sportverein, Lohnsteuerhilfeverein …
- Gruppen: Naturfreunde, Jugendwohngruppe, Pfadfinder …
- Heime: Seniorenheim, Kinderheim …
- Projekte: Integrationsprojekte, kirchliche Austauschprojekte …
- Beratung: Schuldnerberatung, Suchtberatung, Beratung für Demenzkranke …

Einrichtungen des Gesundheitssystems

Einrichtungen des Gesundheitssystems bieten Zugang zu Gesundheitsleistungen unabhängig von Einkommen und Status. Sie leisten in der Regel eine schnelle und wirksame Behandlung. Dabei muss das Verhältnis von Kosten und Nutzen im Auge behalten werden. Die Leistungen werden finanziert durch Direktzahler, freiwillig Versicherte, gesetzlich versicherte Arbeitnehmer und Arbeitgeber.

Zu Einrichtungen des Gesundheitssystem zählen:

- Kliniken und Krankenhäuser
- Arztpraxen
- Apotheken
- Rehaeinrichtungen
- Dialysestationen
- Amtsärztlicher Dienst

Portfolio
yx36je

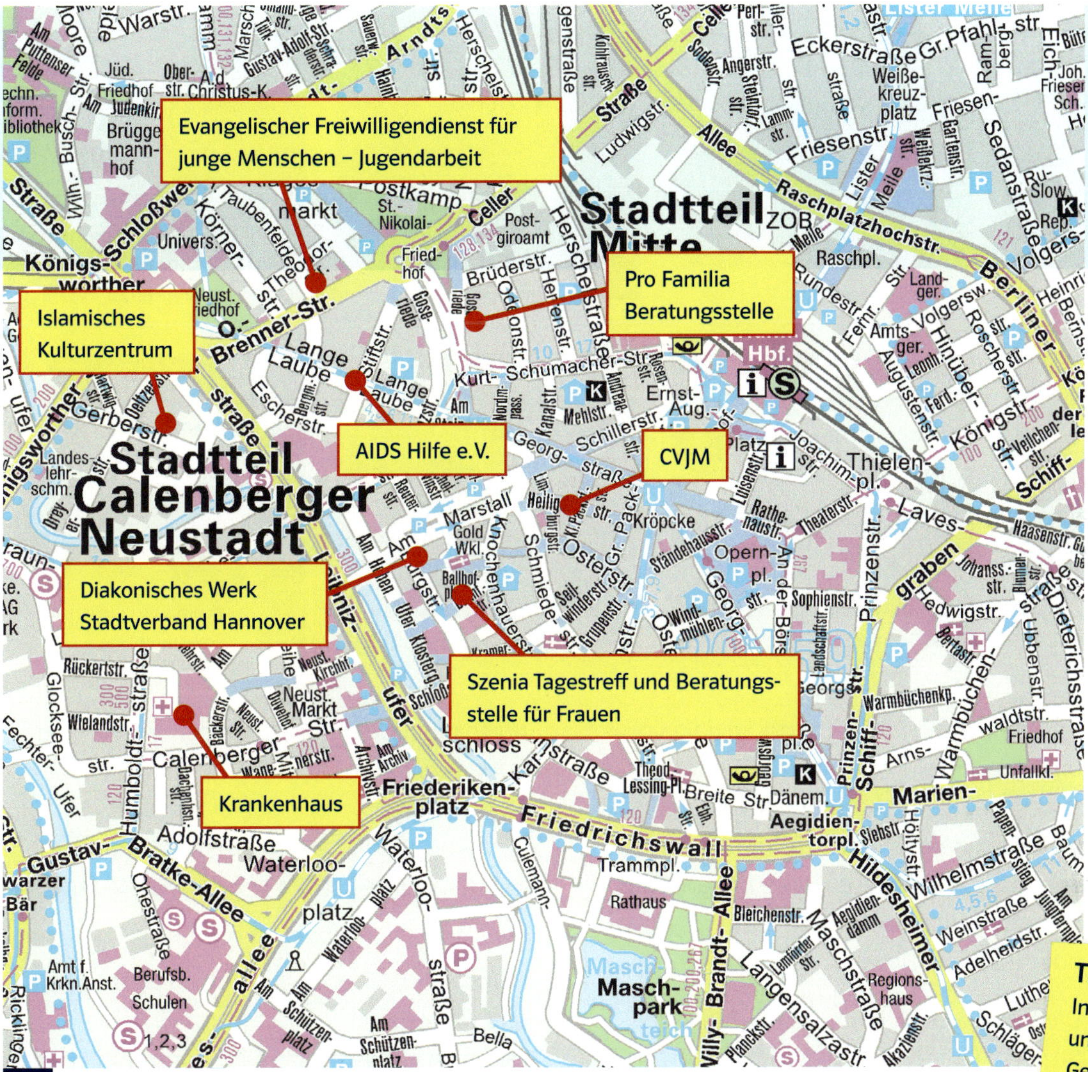

M3 Soziale Einrichtungen und Einrichtungen des Gesundheitssystems in Hannover (Stadtmitte)

Tipp:
In sozialen Einrichtungen und Einrichtungen des Gesundheitssystems kann man oftmals ein Praktikum machen.

1. Benenne die sozialen Einrichtungen und Einrichtungen des Gesundheitssystems in **M2** und **M3**.
2. Recherchiert auf einer Karte von eurer Stadt oder einem eurer Stadtteile, welche sozialen Einrichtungen und Einrichtungen des Gesundheitssystems es dort gibt. Nennt und notiert sie.
3. Sammelt alle gefundenen sozialen Einrichtungen und Einrichtungen des Gesundheitssystems an der Tafel.
4. Recherchiere zu einer dieser Einrichtungen und stelle die Informationen in einem Steckbrief dar. Nenne dabei Namen, Adresse, Träger, Zielgruppe, Ziele, Merkmale und Angebote.
5. Erkunde eine soziale Einrichtung und diskutiere mit einem Partner deren gesellschaftliche Bedeutung.

1.3 Verschiedene Berufsmöglichkeiten

M4 Altenpflegerin

M5 Hebamme

M6 Sozialpädagoge

M7 Hotelfachfrau

M8 Fachkraft Süßwarentechnik

M9 Bäcker

M10 Heilerziehungspfleger

M11 Erzieherin

Im Bereich Gesundheit und Soziales gibt es eine große Zahl von unterschiedlichen Berufen. Die Ausbildungsmöglichkeiten sind so vielfältig, dass es ganz normal ist, viele davon nicht zu kennen. Einige bekannte Berufe sind: Bäcker/-in, Krankenpfleger/-in oder Erzieher/-in.

Die Berufe im Bereich Gesundheit und Soziales lassen sich drei Gebieten zuordnen: ***Sozialpädagogik***, Gesundheit und Pflege, Ernährung und Hauswirtschaft.

Glossar

Tipp:
Diese Internetlinks können euch helfen:
http://berufenet.arbeitsagentur.de/berufe/
www.planet-beruf.de

*Beispiele für Berufe im Bereich **Sozialpädagogik**:*
staatlich geprüfte/-r Sozialassistenst/-in (Schwerpunkt Sozialpädagogik), staatlich anerkannte/-r Erzieher/-in, Sozialpädagoge/-in

*Beispiele für Berufe im Bereich **Gesundheit und Pflege**:*
Heilerziehungspfleger/-in, Altenpfleger/-in, Ergotherapeut/-in, Physiotherapeut/-in, medizinisch-technische/-r Assistenst/-in

*Beispiele für Berufe im Bereich **Ernährung und Hauswirtschaft**:*
Fachmann/-frau für Systemgastronomie, Hotelfachmann/-frau, Hotelkaufmann/-frau, Diätassistent/-in, Hauswirtschaftler/-in

1. Beschreibe die Berufe von M4 bis M11. Kennst du alle?
2. Teilt eure Klasse in drei Gruppen ein. Jede Gruppe recherchiert nach weiteren Berufen in den Bereichen Sozialpädagogik, Gesundheit und Pflege sowie Ernährung und Hauswirtschaft.
3. Stellt eure Ergebnisse aus den Gruppen auf Wandzeitungen dar. Präsentiert die Ergebnisse in der Klasse.

Den richtigen Beruf finden

Es gibt viele unterschiedliche Wege, den richtigen Beruf zu finden. Ein erster Schritt kann die Recherche im Internet sein. Es bietet sich außerdem an, ein Praktikum zu machen, um herauszufinden, was einem liegt. Im Folgenden ein Erfahrungsbericht:

M12 Bericht eines Heilerziehungspflegers

Hallo, mein Name ist Marc. Ich bin 21 Jahre alt und habe eine Ausbildung zum Heilerziehungspfleger gemacht. Dass mir diese Arbeit Spaß macht, habe ich gemerkt, als ich nach dem Realschulabschluss ein Praktikum bei der Lebenshilfe machte. Es ist einfach spannend, mit und für Menschen zu arbeiten. Ich finde es super, bei der Arbeit viele Menschen um mich zu haben, und bringe mich sehr gern in eine Gemeinschaft ein. Ich kann mir gar nicht vorstellen, irgendwo am Schreibtisch zu sitzen und allein zu arbeiten. Mein Job wird nie langweilig. Jeden Tag ist etwas los. Ich bin echt froh, dass ich diesen Beruf gefunden habe.

Anfangs wusste ich nicht viel darüber. Nach meinem Praktikum aber habe ich einfach im Internet recherchiert, um herauszufinden, welche Ausbildung ich für diesen Beruf brauchte. Auf der Internetseite der Bundesagentur für Arbeit habe ich viele wichtige Informationen darüber gefunden und erfahren, dass es in Niedersachsen z. B. Fachschulen für Heilerziehungspflege gibt. Um an einer solchen Schule aufgenommen zu werden, musste ich allerdings bestimmte Zugangsvoraussetzungen erfüllen: Ich besuchte ein Jahr lang eine Berufsfachschule für Sozialpflege. In dieser Zeit habe ich viel gelernt. Schließlich wurde ich an der Fachschule für Heilerziehungspflege auch angenommen. Zusätzlich hatte ich das Glück, den praktischen Teil meiner Ausbildung in meinem ehemaligen Praktikumsbetrieb machen zu können. Hier wurde zum Ende meiner Ausbildung sogar eine Stelle frei, sodass ich übernommen werden konnte. Seitdem arbeite ich dort.

Auf lange Sicht würde ich für meinen Job gerne noch mehr lernen. Ich überlege, mich an der Fachschule Heilpädagogik weiterzubilden. Ein Freund von mir hat das gemacht. Ich werde mich bald mal schlau machen, welche Voraussetzungen ich dafür erfüllen muss.

Internettipps
54j43a

4 Beschreibe, wie Marc auf seinen Beruf gekommen ist und wo er nützliche Informationen gefunden hat M12.

5 Nennt weitere Möglichkeiten, um Informationen über Berufe zu finden.

Internetrecherche
Seite 12/13

1

M13 Berufssteckbrief: Hotelfachfrau/-mann

Wichtige Aufgaben und Tätigkeiten:
- *Abläufe innerhalb des Betriebes (Lagerhaltung, Buchhaltung und Personalwesen ...) planen und organisieren*
- *Gästezimmer richten und kontrollieren*
- *im direkten Kontakt zu den Hotelgästen stehen und deren Zufriedenheit sicherstellen*
- *im Restaurant bedienen, Getränke servieren, in der Küche mitarbeiten*
- *Veranstaltungen vorbereiten (Jubiläen ...)*
- *sich in großen Hotels an der Entwicklung und Durchführung von Marketingmaßnahmen beteiligen*

Arbeitsbereich/Branche:
- *Hotel, Gasthof, Pension, Restaurant, Café, Kaufhäuser*
- *gastronomische Einrichtungen in Freizeit- und Erlebnisparks*
- *Krankenhäuser und Kliniken (insbesondere im Empfangsbereich)*
- *Einzelhandel mit Nahrungs- und Genussmitteln*

Ausbildung (Voraussetzungen, Lernort, Dauer):
- *Sekundarabschluss I – Realschulabschluss*
- *3-jährige Ausbildung findet entweder dual in einem Hotelbetrieb sowie einer Berufsschule statt oder aber in einer 3-jährigen schulischen Ausbildung; eine Verkürzung der Ausbildung ist möglich*

Beschäftigungsmöglichkeiten und Aufstiegsmöglichkeit:
- *Hotelmeister/-in*
- *staatlich geprüfte/-r Gastronom/-in*
- *Betriebswirt/-in im Hotel- und Gaststättengewerbe*

Kompetenzen:

Glossar

- *gute **Umgangsformen***
- *ggf. Fremdsprachenkenntnisse*
- *Kommunikationsfähigkeit*
- *Konfliktfähigkeit*
- *Organisationsfähigkeit*
- *Pünktlichkeit*
- *Verantwortungsbewusstsein*
- *Flexibilität*

Arbeitsbedingungen:
- *Gruppen-, Teamarbeit, Kundenkontakt*
- *häufig Schichtarbeit und Wochenendarbeit*
- *Arbeit mit dem Computer (Organisation, Verwaltung)*
- *häufig wechselnde Aufgaben und Arbeitssituationen*
- *Arbeit unter Lärm und Geruchseinfluss*

Verdienst/Einkommen:
- *Monatsbruttogehalt von ca. 1500 €*

M14 Erfahrungen von Isabel, 22 Jahre, Hotelfachfrau

Tja, da war es nun, das Ende meiner Schulzeit. Und was nun? Natürlich hatte ich mir schon länger Gedanken gemacht, was ich mal werden möchte, wenn ich meinen Realschulabschluss habe. Für mich war dabei ganz klar: Es sollte ein Beruf sein, bei dem ich es mit Menschen zu tun habe und bei dem ich meine Fremdsprachenkenntnisse anwenden und verbessern kann. Zudem wollte ich einen abwechslungsreichen Berufsalltag und die Welt sehen. Was lag da näher als der Tourismus und die Hotelbranche? Ich habe mich bei verschiedenen Hotels in der Umgebung zur Ausbildung als Hotelfachfrau beworben, ebenso bei Fluggesellschaften zur Ausbildung als Flugbegleiterin. Geworden ist es dann die Ausbildungsstelle zur Hotelfachfrau. Die Ausbildung hat sich als klarer Glücksfall herausgestellt: Die Ausbildung verlief super und mein Abschluss war richtig gut. Die Ausbildung dauerte drei Jahre. Während der Zeit konnte ich jede einzelne Abteilung durchlaufen, die es im Hotel gibt. Ich war also in der Küche, im Restaurant, an der Bar, beim Bankett, im Housekeeping, in der Abteilung Einkauf, Verkauf und Marketing sowie in der Buchhaltung, ich habe auch Zimmerreservierungen vorgenommen und im *Front Office* gearbeitet. Natürlich hat die Ausbildung auch noch die Berufsschule beinhaltet. Dabei habe ich die Grundzüge mit allem was am wichtigsten ist, um sich selbstständig organisieren zu können und um bestimmte Arbeiten selbstständig erledigen zu können, gelernt.

Glossar

Die Berufsschule war für mich in manchen theoretischen Fächern etwas schwierig. Da musste ich mich manchmal ganz schön anstrengen. Aber interessant war es, außer Mathe. Insbesondere die Praxisstunden, in denen wir Kochen und ab und zu auch Getränkelehre hatten, haben mir Spaß gemacht. Zudem hatten wir noch Ernährungs- und Hauswirtschaftslehre, Englisch und Französisch und *EDV*.

Ja, und zum Schluss kam die Prüfung, die aus einem schriftlichen, einem mündlichen und einem praktischen Teil bestand. Ich habe meine Prüfung im Januar als eine der besten der *IHK* unseres Kreises abgeschlossen und dafür ein Weiterbildungsstipendium bekommen. Das werde ich in den nächsten drei Jahren auch rege nutzen.

Glossar

Portfolio
7p25rh

1. Schau dir die Wandzeitungen der letzten Unterrichtseinheit an (S. 8–9). Welche Berufe interessieren dich? Wähle zwei Berufe aus und begründe deine Entscheidung.
2. Recherchiere im Internet bei der Agentur für Arbeit Informationen zu diesen Berufen und erstelle jeweils einen Steckbrief (ähnlich wie M13).
3. Präsentiert eure Steckbriefe zuerst in der Kleingruppe und dann in der Klasse.
4. Nenne Kriterien, die ein Beruf für Isabel erfüllen muss. Beschreibe, wo sich die Kriterien im Beruf der Hotelfachfrau / des Hotelfachmannes wiederfinden M14.
5. Trage zusammen, welche Kriterien ein Beruf für dich erfüllen muss.
6. Führt eine Expertenbefragung mit einer Person durch, die in einem Beruf eurer Wahl tätig ist.

Internet-recherche
Seite 12/13

Experten-befragung
Seite 20/21

1 Methode
Internetrecherche

Berufserkundung im Internet

Hier findet ihr einen Leitfaden für die Erkundung eines Berufsbildes im Internet.

So geht's:

Planen

1. Suche dir eine oder mehrere seriöse Internetseiten über Berufe aus (z. B. www.arbeitsagentur.de, http://berufenet.arbeitsagentur.de/berufe, www.planet-beruf.de).

2. Nenne Fragen, die du zu einem bestimmten Beruf hast (z. B. zum Thema Ausbildung, Voraussetzungen, Bewerbung).

Durchführen

3. Gib auf der ausgewählten Internetseite ein Stichwort ein, das zu deinen Fragen passt (zunächst den Namen des Berufs, dann z. B. das Stichwort Ausbildung). Beachte außerdem die zehn A-Schlüsselbegriffe der Berufserkundung:

   - Ausbildungsvoraussetzungen (schulischer Abschluss)
   - Ausbildungsart (schulisch oder betrieblich im dualen System)
   - Ausbildungsdauer
   - Ausbildungsvergütung
   - Ausbildungsinhalte
   - Arbeitsalltag: typische Beispiele von Tätigkeiten; Vor- und Nachteile des Berufes
   - Anforderungen an den Auszubildenden: Fähigkeiten, Fertigkeiten und Voraussetzungen des Auszubildenden für diesen Beruf
   - Ausbildungsorte
   - Arbeitsmarkt: Wie sind die Berufschancen/Verdienstmöglichkeiten?
   - Abschlüsse: Welche Zusatzausbildungen, Qualifizierungsmaßnahmen oder Studiengänge sind möglich?

Reflektieren

4. Nenne die wichtigsten Informationen oder drucke sie dir aus und ordne sie nach den zehn A-Schlüsselbegriffen der Berufserkundung, damit nichts verloren geht.

Tipp:
Ihr könnt euch in der Klasse verschiedene Berufe gegenseitig präsentieren und die wichtigsten Informationen in einer Berufsinfomappe sammeln.

Übung:

Marina hat gerade ihren Realschulabschluss gemacht und weiß noch nicht genau, in welchem Bereich sie eine Ausbildung beginnen möchte. Sie würde gerne einen Beruf erlernen, in dem sie etwas mit Kindern zu tun hat. Von ihrem späteren Gehalt hat Marina noch keine Vorstellung.

Welche Möglichkeiten hat Marina? Wie wird ihre Ausbildung aussehen und in welchem Bereich könnte ihr Gehalt liegen?

Hilf Marina und recherchiere im Internet nach möglichen Berufen. Wenn du einen passenden Beruf gefunden hast, stelle einen Berufssteckbrief zusammen.
Gehe dabei nach der Reihenfolge der zehn A-Schlüsselbegriffe der Berufserkundung vor.

Beispiel:

Beruf: Hebamme

Ausbildungsvoraussetzung:	Realschulabschluss
Ausbildungsart:	bundesweit einheitlich geregelte schulische Ausbildung
Ausbildungsdauer:	3 Jahre
Ausbildungsvergütung:	
Ausbildungsinhalte:	

…

1

1.4 Zukunftsfähigkeit von Berufen

Demografischer Wandel

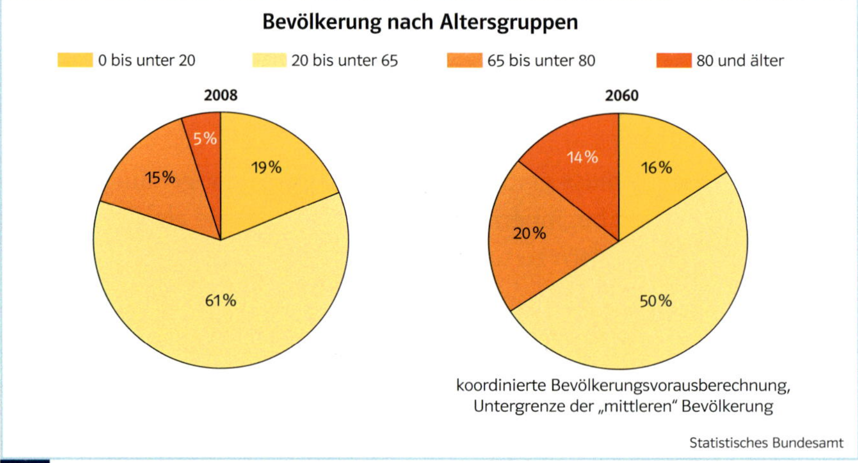

M15 Die Altersentwicklung in Deutschland

M16 Immer mehr ältere Menschen in Deutschland

Im Moment leben in Deutschland etwas mehr als 80 Millionen Menschen. 2050 werden es ungefähr noch 69 bis 74 Millionen sein. Es wird dann ungefähr doppelt so viele 60-Jährige geben wie Neugeborene. Das liegt daran, dass in Deutschland immer weniger Babys geboren werden, dafür die Menschen durch die gute medizinische Versorgung immer älter werden. Die Lebenserwartung der Menschen steigt.

Durch diesen ***demografischen Wandel*** steigt auch die Zahl der Pflegebedürftigen immer weiter an. Für Menschen, die im Bereich Gesundheit und Soziales arbeiten möchten, kann dies eine Chance sein. Der Bedarf an qualifizierten Arbeitskräften (z. B. im Gesundheitswesen und in der Altenhilfe) wird enorm ansteigen. In Kindergärten hingegen könnte der Bedarf an Arbeitskraft schrumpfen – es gibt zu wenig Kinder.

Im Allgemeinen verändert sich die Berufslandschaft in Deutschland seit der Industrialisierung im 19. Jahrhundert. Der technische Fortschritt sorgt dafür, dass immer mehr Güter produziert werden können, ohne mehr Arbeitskräfte in diesem Bereich zu benötigen. Im Gegenzug steigt der Bedarf an Jobs im ***Dienstleistungssektor*** (z. B. im Gesundheitswesen).

Glossar

1. Beschreibe, was die Grafik in **M15** deutlich macht.
2. Fasse die wichtigsten Aussagen des Zeitungsartikels in **M16** zusammen.
3. Diskutiert, wie sich die Veränderungen in der Gesellschaft auf verschiedene Berufe im Bereich Gesundheit und Soziales auswirken.
4. Beurteile, wie diese Entwicklung deine eigene Berufswahl beeinflussen könnte.

Dienstleistungsberufe im Bereich Gesundheit und Soziales

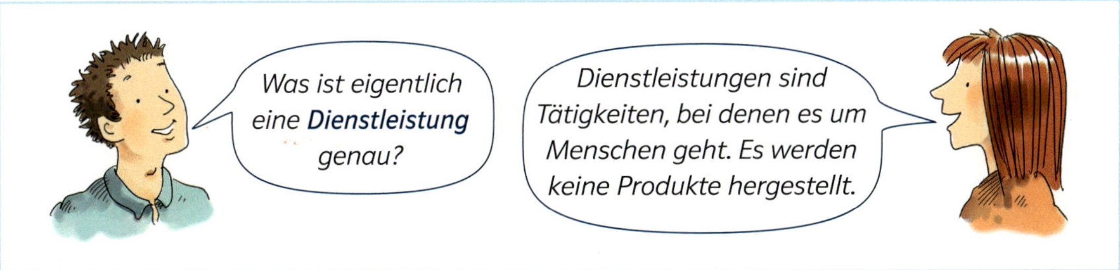

Glossar

M17 Was sind Dienstleistungen?

Entwicklung des Ausbildungsplatzangebots in den Dienstleistungs- und Fertigungsberufen 1994 bis 2009

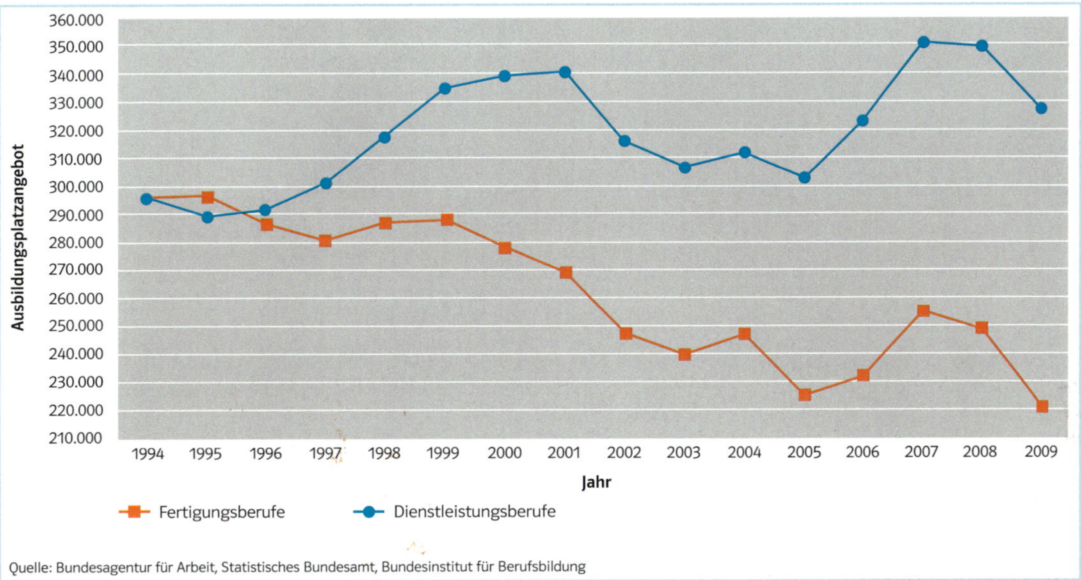

M18 Zunahme des Ausbildungsplatzangebotes im Dienstleistungssektor

1. Erklärt mithilfe von **M17**, was ihr unter den Begriffen Dienstleistung und Dienstleistungsberuf versteht.
2. Recherchiert Dienstleistungsberufe aus dem Bereich Gesundheit und Soziales und ordnet sie den drei Bereichen Sozialpädagogik, Gesundheit und Pflege sowie Ernährung und Hauswirtschaft zu.
3. Analysiert die Entwicklung des Ausbildungsplatzangebotes in der Grafik **M18**.
4. Wertet aus, welche Bedeutung die Entwicklung des Ausbildungsplatzangebotes für Berufe im Bereich Gesundheit und Soziales hat.
5. Recherchiert im Internet nach Ausbildungsplätzen im Dienstleistungsbereich in eurer Gegend und tauscht euch in der Klasse darüber aus.
6. Nenne einen Dienstleistungsberuf, den du dir wünschen würdest, wenn du z.B. 80 Jahre alt wärst. Kommentiere, warum du dir diesen Beruf wünschen würdest.

Internetrecherche
Seite 12/13

1

1.5 Überprüfe dich selbst

Seite 4

1. Beschreibe, was soziales Verhalten bedeutet.

M19 Trost spenden

M20 Fachliches Gespräch

Seite 4

2. Nenne die beiden sozialen Kompetenzen, die in M19 und M20 dargestellt sind.

Seite 6–7

3. Nenne fünf Beispiele für soziale Einrichtungen.

Seite 8

4. Nenne je drei Beispiele für Berufe in den Kategorien Sozialpädagogik, Gesundheit und Pflege sowie Ernährung und Hauswirtschaft.

Seite 8–9
Seite 10–11

5. Erläutere verschiedene Möglichkeiten, wie du dich über Berufe, die dich interessieren, näher informieren kannst.

Seite 10–13

6. Welche Merkmale/Kriterien helfen dir, wenn du dich über einen Beruf informieren möchtest? Zähle auf.

7 Beschreibe kurz, inwieweit sich der demografische Wandel in Deutschland auf Berufe im Bereich Gesundheit und Soziales auswirkt. Seite 14–15

8 Erkläre, was der Begriff Dienstleistung bedeutet. Seite 14–15

M21 Was ist eine Dienstleistung?

9 Nenne drei Dienstleistungsberufe aus dem Bereich Gesundheit und Soziales, die in Zukunft an Bedeutung gewinnen werden. Seite 14–15

Wichtige Begriffe aus dem Kapitel:

- Kompetenzen
- soziales Verhalten
- Empathie-, Kommunikations- und Konfliktfähigkeit
- Solidarität
- soziale Einrichtungen
- ehrenamtliche Arbeit
- Dienstleistung
- demografischer Wandel
- sozial
- unsozial
- Einrichtungen des Gesundheitssystems

Tauscht euch aus:

- Was war für dich besonders interessant? Gestalte eine Mindmap zu einem Thema aus dem Kapitel, das dich interessiert.
- Hat der Inhalt des Kapitels Auswirkungen auf deine Berufswahl? Begründe.
- Gibt es unter den Fragen, die ihr zu Beginn des Kapitels gesammelt habt (siehe Aufgabe 2 auf Seite 4), noch welche, die nicht beantwortet sind? Entwickelt Möglichkeiten, wie ihr diese Fragen beantworten könnt.

2 Notwendige Fähigkeiten im Berufsbereich Gesundheit und Soziales

2.1 Fähigkeiten und Fertigkeiten im Berufsbereich

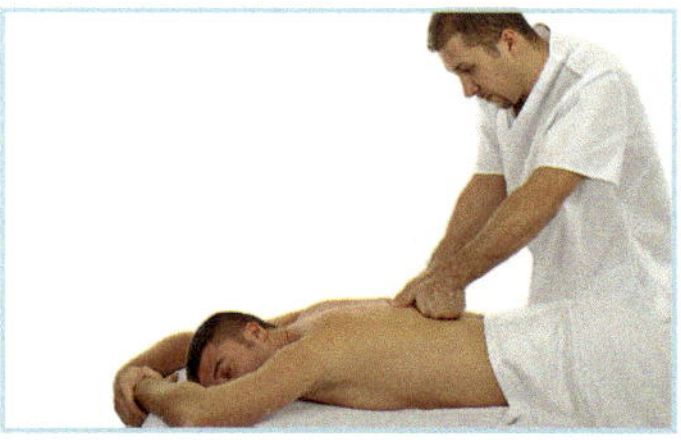

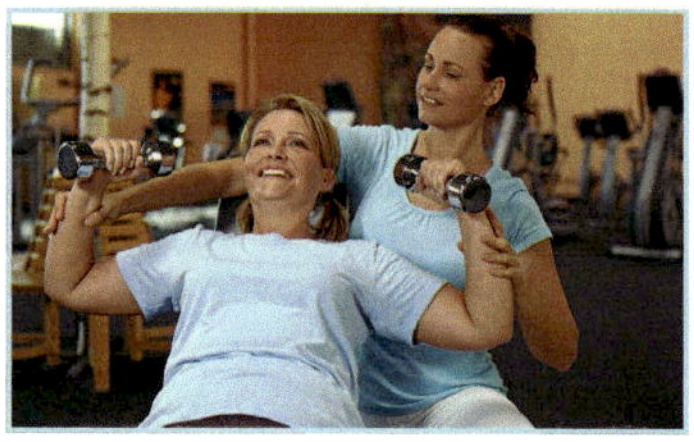

M1–M6 Berufe aus dem Bereich Gesundheit und Soziales

Anforderungsprofile	körperliche Eigenschaften	persönliche Eigenschaften
1	Gesund und ausdauernd	Empathiefähigkeit, Interesse an Kindern, geduldige und spielerische Herangehensweise, keine Hemmungen vor pflegerischen Tätigkeiten
2	Gesund und durchtrainiert, körperlich belastbar	Kommunikationsfähigkeit, energievolles und motivierendes Auftreten, Geduld
3	Gesund und durchtrainiert, körperlich belastbar, ausdauernd	Empathiefähigkeit, Kommunikationsfähigkeit, ruhiges und vertrauensvolles Auftreten
4	Körperlich belastbar (z. B. beim Heben von schweren Personen)	Empathiefähigkeit, Geduld, keine Hemmungen vor pflegerischen Tätigkeiten, *wertschätzende Haltung*
5	Körperlich belastbar, ausdauernd	Kommunikationsfähigkeit, höflicher Umgangston, Geduld und Belastbarkeit
6	Gepflegtes Äußeres	Empathiefähigkeit, kreativ, Gespür für Farben und ihre Wirkung

Soziale Kompetenzen Seite 4/5

Glossar

1. Ordne die Abbildungen in M1 bis M6 den Berufsbereichen Gesundheit und Pflege, Sozialpädagogik sowie Ernährung und Hauswirtschaft zu.
2. Ordne die Anforderungsprofile 1–6 den Berufen in M1 bis M6 zu.
3. Nenne weitere wichtige Fähigkeiten bei den Berufsbildern.

M7 Ein typischer Arbeitstag der Altenpflegerin Tanja

Uhrzeit	Aufgaben und Tätigkeiten
5:50 - 6:00	• Arbeitskleidung anziehen
6:00 - 7:00	• Übergabe: sich über den Gesundheitszustand der Bewohner/-innen auf den neuesten Stand bringen, Neuanpassung der Pflegeplanung • Medikamenten stellen
7:00 - 8:00	• bei Körperpflege, beim An- und Auskleiden der Bewohner/-innen helfen • Pflegemaßnahmen durchführen (Injektionen, Spülungen, Verbandwechsel ...)
8:00 - 9:00	• Frühstück verteilen, einigen Bewohner/-innen beim Frühstück helfen • Bewohner/-innen immer wieder motivieren, Dinge des Alltags selbstständig auszuführen
9:00 - 10:00	• Bewohner/-innen zur Therapie bringen • Körperpflege bei den bettlägerigen Bewohner/-innen • Betten machen und lüften, Frühstück abräumen
10:00 - 11:00	• 2. Frühstück verteilen • Pause
11:00 - 12:00	• Pflegemaßnahmen durchführen (bettlägerige Patienten umlagern, Windeln wechseln ...)
12:00 - 13:00	• Mittagessen verteilen, einigen Bewohner/-innen beim Mittagessen helfen • Bewohner/-innen immer wieder motivieren, Dinge des Alltags selbstständig auszuführen • Mittagessen abräumen
13:00 - 14:30	• Mittagsruhe der Bewohner/-innen • Pause • Dokumentation der erbrachten Leistung, Wunddokumentation ... • Anfertigen von Pflegeberichten
14:30 - 15:00	• Übergabe an den Spätdienst: Informationen über die Bewohner/-innen an die Kolleginnen und Kollegen weitergeben, über Besonderheiten an diesem Tag informieren

4 Tauscht euch über den Arbeitstag der Altenpflegerin Tanja in M7 aus.

5 Nennt körperliche und persönliche Eigenschaften, die in diesem Beruf besonders benötigt werden. Gebt den Eigenschaften Noten, je nachdem wie wichtig sie sind.

6 Führt eine Expertenbefragung zu einem weiteren typischen Arbeitstag im Berufsbereich Gesundheit und Soziales durch. Erkundet, welche körperlichen und persönlichen Fähigkeiten und Fertigkeiten in diesem Beruf besonders wichtig sind.

7 Präsentiert eure Ergebnisse.

Expertenbefragung
Seite 20/21

2 Methode
Expertenbefragung

Einen Berufsexperten zu seiner Arbeit befragen

Hier findet ihr einen Leitfaden für die Befragung eines Berufsexperten.

So geht's:

Planen

1. Überlegt euch gemeinsam, ob ihr Experten in die Klasse einladen möchtet. Vielleicht kann dies nicht jede berufstätige Person einrichten. Gibt es die Möglichkeit, die Person zu besuchen und die Fragen dort zu stellen?

M8 Expertenbefragung mit einem Bäcker

2. Teilt eure Klasse in zwei bis drei Gruppen ein. Jede Gruppe bereitet eine Expertenbefragung vor.
3. Ein Schüler/eine Schülerin aus der Gruppe erklärt sich dazu bereit, sich telefonisch mit der ausgewählten Person in Verbindung zu setzen, sie nach ihrer Bereitschaft zu fragen und einen Termin auszumachen.
4. Bereitet die Expertenbefragung vor. Überlegt euch, was ihr über den Beruf erfahren möchtet und erstellt einen Fragebogen.
5. Teilt die Aufgaben für die Expertenbefragung auf.
6. Übt die Expertenbefragung in einem Rollenspiel, damit jeder sich mit seiner Aufgabe vertraut machen kann.

Tipp:
Überlegt euch am besten schon vor dem Telefonat, welche Terminalternativen ihr anbieten könnt. Gebt der gefragten Person Zeit, sich zurückzumelden.

Durchführen/ Reflektieren

7. Führt die Expertenbefragung durch und tragt im Anschluss in der Klasse zusammen, was die wichtigsten Ergebnisse für euch waren. Dokumentiert die Ergebnisse (z. B. auf einem Poster) und hängt sie in der Klasse aus.

Beispielfragen zur Vorbereitung auf die Expertenbefragung

- Wie lange arbeiten Sie schon in Ihrem Beruf?
- Welche Ausbildung haben Sie für Ihren Beruf absolviert?
- Welchen Schulabschluss haben Sie vorher gemacht?

- Was finden Sie an Ihrem Beruf gut/schlecht?
- Was ist besonders herausfordernd in Ihrem Beruf?
- Welche Fähigkeiten braucht man in Ihrem Beruf ganz besonders?
- Wie gut lässt sich Ihr Beruf mit der Familie vereinbaren?

- Wie gut kann man sich in Ihrem Beruf weiterbilden?
- Haben Sie Weiterbildungen in Anspruch genommen? Wenn ja, welche?
- Wie schätzen Sie die Zukunft Ihres Berufsfeldes ein?

Diese Aufgaben müsst ihr vor der Expertenbefragung verteilen:

- Wer übernimmt die Begrüßung?
- Wer leitet die Befragung?
- Wer stellt die Fragen (nur ein/e oder mehrere Schüler/innen)?
- Wie werden die Antworten festgehalten (Notizblock, Aufnahmegerät, Kamera zum Filmen)? Und wer kümmert sich darum, die Geräte mitzubringen (z. B. ausleihen)?
- Wer hält die Antworten bei der Befragung fest?
- Wer kümmert sich um ein kleines Geschenk für den Befragten?
- Wer formuliert zum Abschluss der Expertenbefragung ein Schlusswort und bedankt sich im Namen aller Mitschüler/innen?

2.2 Meine Fähigkeiten und Fertigkeiten

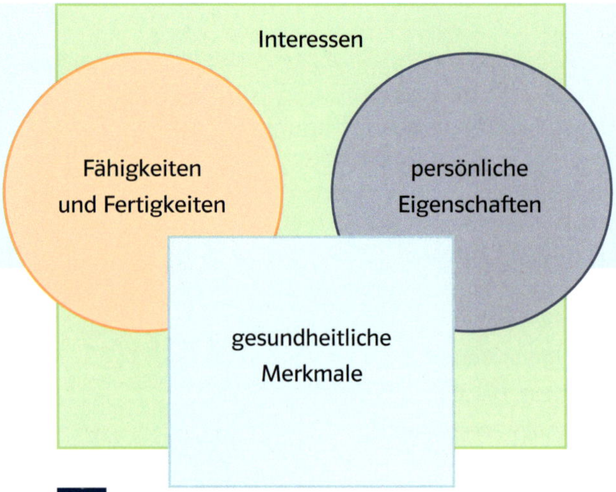

M9 Bei der Berufswahl sollte alles zusammenspielen

Wo liegen deine Stärken?

Bei der Berufswahl spielen persönliche Interessen meist eine große Rolle. Manche Menschen arbeiten gern mit Kindern, andere möchten unbedingt etwas Kreatives machen. Ein großes Interesse für einen Beruf zu haben, ist schon eine gute Voraussetzung. Allerdings müssen auch gewisse Fähigkeiten und Fertigkeiten vorhanden sein. Hier spielen Talent, aber auch schulische Leistungen eine Rolle. Für viele Berufe sind bestimmte persönliche Eigenschaften, wie z. B. Freundlichkeit, Pünktlichkeit, Verantwortungsbewusstsein und Zuverlässigkeit, eine wichtige Voraussetzung. Auch gesundheitliche Merkmale, wie Ausdauer und Belastbarkeit, sind nicht zu unterschätzen.

Glossar

Um den richtigen Beruf aussuchen zu können, ist es wichtig, sich selbst richtig einzuschätzen. Jeder sollte sich also bewusst machen: Neben der richtigen ***Selbsteinschätzung*** kann auch eine ***Fremdeinschätzung*** bei der Beantwortung dieser Frage helfen.

1. Teilt euren Kurs in Gruppen ein. Jedes Gruppenmitglied schreibt auf Zettel, welche „Stärken" es an jedem anderen Gruppenmitglied besonders schätzt (z. B. zuhören können, gut argumentieren können, sportlich sein) und gibt diesen Gruppenmitgliedern verdeckt die Zettel.

   Das ist eine besondere Stärke von dir: …

2. Jedes Gruppenmitglied zählt mithilfe der Zettel auf, welche Stärken es hat und ordnet diese nach den vier Kategorien in **M9**. Eigene Einschätzungen werden ergänzt und zugeordnet.
3. Nenne deinen Berufswunsch. Untersuche, welche deiner Stärken besonders wichtig für diesen Beruf sind. Begründe.

Kommunikationsmodell nach F. Schulz von Thun

M17 Verschiedene Ebenen einer Botschaft

Internettipps d86jq8

Zwei Menschen, zwischen denen eine Kommunikation stattfindet, kann man als Sender und Empfänger bezeichnen. Vom Sender geht eine Nachricht aus, die der Empfänger entschlüsseln muss. Nach Friedemann Schulz von Thun, einem bekannten Kommunikationswissenschaftler, hat eine Botschaft immer mehrere Ebenen. Er unterscheidet in seinem ***Kommunikationsmodell*** zwischen vier Ebenen:

Glossar

Ebenen der Kommunikation	Botschaft in Bezug zu M17
Sachebene	„Ich habe dir doch gesagt, du sollst die Küche putzen."
Appellebene	„Räume jetzt die Küche auf und halte dich daran, was ich dir sage."
Beziehungsebene	„Wenn ich dir als Mutter einen Auftrag gebe, dann solltest du darauf hören."
Ebene der Selbstoffenbarung	„Es macht mich wütend und traurig, dass es dir völlig egal ist, worum ich dich gebeten habe."

M18 Kommunikationsmodell nach F. Schulz von Thun

3 Deutet die Situation in M17. Beschreibt ähnliche Situationen, die ihr schon erlebt habt.

4 Denkt euch eine Sachaussage aus und beschreibt die zugehörigen Botschaften der verschiedenen Kommunikationsebenen wie in M18: Sachebene, Appellebene, Beziehungsebene, Ebene der Selbstoffenbarung.

2

Kommunikation gestalten

Glossar

Kommunikationsfähigkeit ist eine wichtige Schlüsselkompetenz für dein zukünftiges Berufsleben. Aber wie lässt sich diese Fähigkeit trainieren? Im Folgenden lernst du zwei Möglichkeiten kennen, die dir dabei helfen, eine gute Kommunikationskompetenz aufzubauen.

Ich-Botschaften senden

Wenn wir mit anderen Menschen in einen Konflikt geraten, neigen wir oft dazu, dem anderen Vorwürfe zu machen:

„Dir ist doch sowieso alles egal!"

„Du bist doch an allem schuld!"

Glossar

Durch diese sogenannten Du-Botschaften verstecken wir oft, warum uns der Konflikt bewegt, also z. B. Gefühle, Hoffnungen, Ängste oder Zweifel. Durch ***Ich-Botschaften*** lassen sich Probleme leichter klären und eine Konflikteskalation kann vermieden werden. In Ich-Botschaften kann man sehr genau formulieren, wie man sich selbst in der Situation fühlt, wie man etwas wahrgenommen hat und was man sich wünscht. Man sollte dabei also Sätze formulieren wie:

„Ich habe mich in der Situation … gefühlt, weil …"

„Ich wünsche mir für die Zukunft, dass …"

Aktives Zuhören

Für ein gelingendes Gespräch kann die Methode des ***„aktiven Zuhörens"*** eingesetzt werden. Dabei geht es darum, sich in die erzählende Person einzufühlen. Zum aktiven Zuhören gehört:

- eine wertschätzende Haltung dem/der Gesprächspartner/in gegenüber
- eine ruhige und ungestörte Gesprächsatmosphäre (so fühlt sich der/die Gesprächspartner/in ernstgenommen),
- mit eigenen Worten zu wiederholen, was der/die Gesprächspartner/in erzählt hat und Blickkontakt zu halten (so fühlt sich der/die Gesprächspartner/in verstanden),
- wiederzugeben, welche Gefühle man beim/bei der Gesprächspartner/in wahrnimmt (so fühlt sich der/die Gesprächspartner/in mit seinen/ihren Gefühlen angenommen),
- ein ***Feedback*** zu geben und einzufordern (so können gegenseitiges Verständnis gefördert und Missverständnisse verhindert werden).

❶ Überlegt euch eine Konfliktsituation. Gestaltet ein Rollenspiel, in dem ihr ein Konfliktgespräch mit Du-Botschaften führt.

❷ Spielt die gleiche Situation mit Ich-Botschaften.

❸ Übt zu zweit ein Gespräch mit der Methode des aktiven Zuhörens. Legt vorher fest, über welches Thema ihr sprechen wollt und wer von euch beiden derjenige ist, der aktiv zuhört.

Mit Konflikten umgehen

M19 Flucht

M20 Kampf

M21 Regeln und Gesetze

M22 Aushandeln

Immer wieder begegnen Menschen in ihrem Leben ***Konflikten***. Sie gehen sehr unterschiedlich damit um. Es gibt verschiedene Möglichkeiten:

Flucht M19

- Einer der Streitenden verlässt die Konfliktsituation ohne Lösung.
- Einer von beiden unterwirft sich, um sich nicht weiter mit dem Konflikt auseinandersetzen zu müssen.

→ Der Konflikt wird nicht gelöst. Die Beteiligten sind unzufrieden.

Kampf M20

- Man versucht, mit allen Mitteln zu erreichen, dass der Gegner nachgibt.
- Es gibt einen Sieger.

→ Der Konflikt wird nicht gelöst. Der Sieger fühlt sich gut, der Verlierer gedemütigt.

Regeln und Gesetze M21

- Die Streitenden müssen sich nach objektiven Regeln richten.
- Ein objektiver Dritter sorgt dafür, dass eine Regelung gefunden und der Konflikt nicht weitergeführt wird.

→ Der Konflikt ist vorerst gelöst, die eigentliche Ursache kann jedoch weiterhin ein Problem darstellen.

Aushandeln M22

- Die Streitenden suchen gemeinsam nach einer Lösung.
- Damit es leichter fällt, sich zu einigen, kann ein Streitschlichter bei der Konfliktlösung helfen.

→ Ein Kompromiss entsteht. Die Streitenden arbeiten an der Ursache des Konfliktes.

Glossar

Die vier Schritte des Aushandelns zur Lösung eines Konfliktes:

1. Ich erkläre meinen Standpunkt und meine Interessen.
2. Ich frage nach, um die Sichtweise des anderen zu verstehen.
3. Ich mache ein Angebot und erkläre, zu welcher Lösung ich bereit wäre.
4. Die Lösungsangebote beider Seiten werden abgewogen, um eine gemeinsame Lösung zu finden.

4 Nenne Konfliktlösungsstrategien aus M19 bis M22, die du schon erlebt hast. Erläutere an einer Beispielsituation.

5 Überlegt euch ein Konfliktthema und spielt in einem Rollenspiel ein Gespräch des Aushandelns vor. Bestimmt dabei einen Streitschlichter.

Tipp:
Erkundigt euch nach Streitschlichterprogrammen an Schulen. Wie funktionieren sie?

2

2.5 Überprüfe dich selbst

Seite 22–29

1. Nenne Schlüsselkompetenzen, die besonders wichtig sind. Begründe.

M23 Die Bedeutung der Kommunikation

Seite 24–29

2. Erkläre, warum Kommunikation im Berufsleben eine große Rolle spielt und beschreibe ein Beispiel.

Seite 26–29

3. Skizziere an einem Beispiel, was verbale und was nonverbale Kommunikation ist.

Seite 27

4. Nenne die vier Ebenen, die eine Botschaft nach Schulz von Thun hat.

Seite 28

5. Kommentiere, wann Ich-Botschaften angemessen sind.

Seite 28

6. Nenne Beispiele für aktives Zuhören.

Seite 28

7. Erläutere, warum es wichtig ist, dem Gesprächspartner ein Feedback zu geben.

M24 Es gibt verschiedene Möglichkeiten, mit Konflikten umzugehen

8 Wie kann man bei einem Konflikt sinnvoll reagieren? Beschreibe beispielhaft eine Auseinandersetzung und eine mögliche Lösung dazu.

Seite 29

Wichtige Begriffe aus dem Kapitel:

- **Kommunikationsfähigkeit**
- **Empathiefähigkeit**
- **Selbsteinschätzung, Fremdeinschätzung**
- **Schlüsselkompetenzen**
- **Solidarität**
- **Konfliktfähigkeit**
- **verbale und nonverbale Kommunikation**
- **Kommunikationsmodell**
- **wertschätzende Haltung**
- **aktives Zuhören**
- **Feedback**
- **Konflikt**
- **Interaktion**

Tauscht euch aus:

- Was hat dich in diesem Kapitel besonders interessiert? Gestalte eine Mindmap zu einem Thema aus dem Kapitel, das dich interessiert.
- Hat der Inhalt des Kapitels Auswirkungen auf dein Kommunikations- und Konfliktverhalten? Begründe.
- Hast du etwas Neues über dich, deine Fähigkeiten, Fertigkeiten, Schlüsselkompetenzen herausgefunden? Nenne Beispiele.

3 Lebenslanges Lernen

3.1 Lifelong Learning

Name: Weckmann

Vorname: Hans

Geboren am: 23. April 1940 in Köln

Wohnort: Köln

Familienstand: verheiratet, Vater von drei Kindern

Beruflicher und privater Werdegang:

- *1946–1955: Volksschule in Köln*
- *1955–1958: Bäckerlehre in Köln mit Gesellenabschluss, Übernahme als Bäcker in den Lehrbetrieb*
- *1960: Heirat mit Marita Weckmann (geborene Ströwe)*
- *1961: Geburt des Sohnes Martin*
- *1964: Geburt der Tochter Elke*
- *1965: Meisterprüfung, Eröffnung einer eigenen Bäckerei in Köln*
- *1967: Geburt des Sohnes Paul*
- *1980: Zusammenschluss der Bäckerei Weckmann mit der Konditorei Henneke in Köln – Spezialisierung auf Gebäck für spezielle Anlässe (z. B. Betriebsfeiern, Hochzeitstorten ...)*
- *1982: Umstellung des gesamten Sortiments auf natürliche Produkte ohne weitere künstliche Zusatzstoffe*
- *2000: Übergabe des eigenen Betriebsanteils an den Sohn (Martin Weckmann), Rente*

Name: Jansen (geborene Weckmann)
Vorname: Elke

Geboren am:
3. Oktober 1964 in Köln
Wohnort: Hannover

Familienstand: verheiratet, Mutter von zwei Kindern

Beruflicher und privater Werdegang:

- 1971–1984: Grundschule und Gymnasium in Köln, Abschluss der Schulausbildung mit dem Abitur
- 1984–1987: Ausbildung zur Heilerziehungspflegerin
- 1987–1990: Heilerziehungspflegerin in Bonn, Fortbildung zur Erzieherin für sonderpädagogische Einrichtungen
- 1990: Beendigung des Arbeitsverhältnisses in Bonn (bedingt durch Personalabbau), Heirat mit Christoph Jansen, Umzug nach Hannover
- 1992: Geburt der Zwillinge Isabelle und Helena
- 1996: Wiedereinstieg ins Arbeitsleben, Heilerziehungspflegerin in einem Heim für körperlich und psychisch beeinträchtigte Jugendliche
- 1997: technische Fortbildung im Bereich neuer Mess- und Diagnoseverfahren sowie moderner Patientendatenerfassung
- 2003: Beendigung des Arbeitsverhältnisses im Jugendheim aufgrund von Stellenabbau, Suche nach einer neuen Arbeitsstelle, Fortbildung zur Fachwirtin Organisation und Führung im Sozialwesen
- seit September 2005: Leiterin eines integrativen Jugendzentrums
- voraussichtlich Oktober 2011: Zusammenlegung des Jugendzentrums mit einem anderen Jugendzentrum, Umzug mit dem Ehemann nach Bochum, Studienbeginn der Töchter in Dresden

M1 Lebenswege aus zwei Generationen

1. Führt ein Blitzlicht durch: In welcher Lebensphase lernen wir am meisten?
2. Vergleiche die Lebenswege aus zwei verschiedenen Generationen in **M1** und prüfe, welche Unterschiede du erkennst. Notiere sie.
3. Recherchiert in eurer Familie: Welche Berufe übten eure Großeltern aus? Wie lange waren sie in ihrem Beruf tätig? Wie sieht der berufliche Werdegang eurer Eltern aus? Vergleicht die beiden Generationen. Notiert eure Ergebnisse.

M2 Warum lebenslanges Lernen?

Lifelong Learning (= lebenslanges Lernen) und damit verbundene kontinuierliche Lernaktivitäten haben einen positiven Einfluss auf die Hirnaktivität. So belegen Untersuchungen der Hirnforschung, dass kontinuierliches Lernen die Nervenbahnen stärkt und somit das Gehirn trainiert wird – so wie beim Muskeltraining. Regelmäßige und langfristige ‚Trainingseinheiten' machen das Gehirn fit und verstärken seine Leistungsfähigkeit.

Was aber besonders wichtig ist: Wer sich immer weiterbildet, steigert seine Chancen auf dem Arbeitsmarkt. Es ist heute unerlässlich, sich kontinuierlich weiterzubilden. Die Anforderungen an Arbeitnehmer steigen. Es ist ständige Flexibilität gefragt.

Wichtig sind aber auch die persönlichen, intellektuellen Vorteile, die durch kontinuierliche Lernaktivitäten entstehen. Mit zunehmendem Alter verlangsamt sich unsere Hirnaktivität, wenn wir uns nicht weiterbilden. Wenn wir uns aber bemühen, immer wieder etwas Neues zu lernen – sei es schulisch oder außerschulisch – können wir dieser Entwicklung entgegenwirken. Es ist nie zu früh oder zu spät, sein Gehirn regelmäßig zu trainieren.

Glossar

Portfolio
qv4gi7

❹ Entwerft in Gruppen Mindmaps zum Thema „lebenslanges Lernen".

❺ Diskutiert, warum lebenslanges Lernen heute besonders wichtig ist. Geht dabei auch auf die Aussagen der Schüler/innen in **M2** ein.

❻ Analysiert euren eigenen Werdegang und überlegt, was ihr euch für die Zukunft wünscht. Beurteilt, ob ihr auf dem richtigen Weg seid, um euer Ziel zu erreichen.

Biografisches Lernen
Seite 34/35

3 Methode
Biografisches Lernen

Biografisches Lernen findet statt, wenn wir uns mit der eigenen Biografie oder der Biografie einer anderen (z. B. berühmten) Person auseinandersetzen und diese kritisch reflektieren. Dazu gehört es, einzelne Aspekte der Biografie zu analysieren und Schlüsse daraus zu ziehen.

Bei der Planung der eigenen Zukunft sollte man prüfen, ob die privaten und beruflichen Wünsche realisierbar sind, welche Voraussetzungen dafür erfüllt sein müssen und welche Ausbildungs- bzw. Weiterbildungsschritte notwendig sind.

Für die Analyse und Planung des eigenen Werdegangs bieten sich bestimmte Schritte an.

So geht's:

Planen

❶ Lege eine Tabelle mit folgenden Spalten an:

Personenbeschreibung	aktuelle Tätigkeit	Ausbildungswunsch	Voraussetzungen	Wünsche für die private Zukunft	Weiterbildungsmöglichkeiten zur Erfüllung der Wünsche

Durchführen

❷ Fülle die Tabelle für dich selbst aus. Die Beispiele auf Seite 35 helfen dir dabei.

❸ Nimm dir für die letzten beiden Spalten besonders viel Zeit. Überlege genau, wie du dir deine Wünsche für die private Zukunft erfüllen und dich beruflich weiterbilden kannst.

Reflektieren

❹ Überlege dir zuletzt, ob deine Wünsche für die Zukunft und deine Weiterbildungswünsche realistisch sind und überprüfe bzw. überdenke sie noch einmal.

M3 Es gibt verschiedene Wege, um sich weiterzubilden

Beispiel:

Personenbeschreibung	aktuelle Tätigkeit	Ausbildungswunsch	Voraussetzungen	Wünsche für die private Zukunft	Weiterbildungsmöglichkeiten zur Erfüllung der Wünsche
Emily, 17 Jahre	Realschule abgeschlossen, auf der Suche nach einem Praktikumsplatz	Altenpflegerin	• Realschulabschluss oder ein anderer als gleichwertig anerkannter Bildungsabschluss oder • Hauptschulabschluss sowie eine zweijährige Berufsausbildung	• möchte gern eine Familie gründen und sich beruflich gleichzeitig weiterentwickeln	• Fortbildung im Bereich Zeitmanagament • Fortbildung zur Heimleitung in der Altenpflege
Steven, 16 Jahre	Schüler in der 10. Klasse	Koch	• keine bestimmte Schulbildung vorgeschrieben • in der Praxis wird meist ein Hauptschulabschluss vorausgesetzt	• würde gern einmal ein Restaurant oder Hotel leiten	• Weiterbildung zum Fachwirt im Gastgewerbe • Belegen von Sprachkursen an der VHS zum Trainieren der Kommunikation mit internationalen Gästen

3

3.2 Weiterbildung und Qualifizierungsmöglichkeiten

Berufsausbildung in Deutschland

Duales Berufsausbildungssystem, Ausbildungszeit 2 – 3½ Jahre

Blockunterricht in der Berufsschule
Theoretische Ausbildung

Arbeiten im Betrieb
Praktische Ausbildung

Abgeschlossene Berufsausbildung

M4 Duales Berufsausbildungssystem in Deutschland

Glossar

Die Berufsausbildung findet in Deutschland überwiegend im ***dualen Ausbildungssystem*** statt. Der Begriff „dual" ist lateinisch und bedeutet „zwei enthaltend". Eine Ausbildung in Deutschland beinhaltet also zwei parallele Wege. Sie findet sowohl auf theoretischer als auch auf praktischer Ebene statt. Der praktische Teil der Ausbildung wird in Betrieben durchgeführt. Zugleich besuchen die Auszubildenden eine Berufsschule, die u. a. das nötige Fachwissen vermittelt. Die Zugangsvoraussetzungen können hier sehr unterschiedlich sein.

Glossar

Der betriebliche Teil der Ausbildung wird in einem Vertrag festgehalten und geregelt. Dort finden sich Angaben zu Vergütung, Ausbildungsdauer und -zielen sowie zu besonderen Vereinbarungen. Der Besuch der schulischen Ausbildungsstätte ist für die gesamte Ausbildungszeit verpflichtend.

Im Bereich „Gesundheit und Soziales" ist es auch möglich, eine ***vollzeitschulische Ausbildung*** zu absolvieren (z. B. an Berufsfachschulen oder Fachschulen). Dies kann je nach Berufszweig variieren.

Internetrecherche
Seite 12/13

1. Fasse zusammen, wie das Ausbildungssystem in Deutschland funktioniert. Orientiere dich an **M4**.

2. Beschreibe beispielhaft für zwei Berufe, wie der Ausbildungsweg aussehen kann. Recherchiere, in welchem Betrieb der praktische Teil der Ausbildung absolviert werden kann und welche Art von Berufsschule sich eignet.

Weiterbildung im Beruf

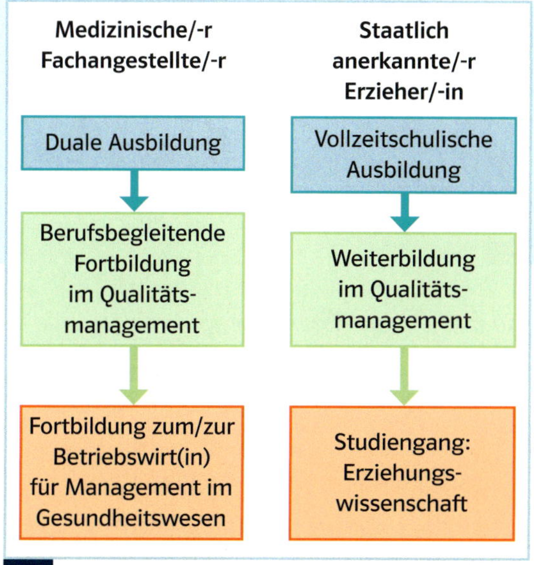

M5 Beispielhafte Weiterbildungs- und Aufstiegsmöglichkeiten

M6 Weitere Weiterbildungsmöglichkeiten

Internettipps 55y8u6

Eine Ausbildung zu machen, ist ein entscheidender Schritt ins Berufsleben. In einer Welt, in der man ständig mit Veränderungen konfrontiert wird, ist es jedoch sehr wichtig, sich auch nach der Ausbildung stetig weiterzubilden, um im Beruf auf dem Laufenden zu bleiben und sich weiterentwickeln zu können.

Gerade im Bereich „Gesundheit und Soziales“ ist dies von großer Bedeutung. Neue Behandlungsmethoden, neue Techniken und Geräte verlangen erweiterte Kompetenzen, die man sich durch ***Fort-*** und ***Weiterbildungen*** aneignen kann. Zudem können Weiterbildungen die Chance erhöhen, innerhalb des jeweiligen Betriebs in eine höhere Position aufzusteigen.

Auch unabhängig vom Beruf gibt es viele Möglichkeiten, sich weiterzubilden. Es gibt zahlreiche ***Weiterbildungsinstitutionen***, in denen man sich unabhängig von besonderen Schulabschlüssen oder Ausbildungsgraden für Kurse anmelden und sich weiterbilden kann – in ganz unterschiedlichen Bereichen: Sprachen, Medien, Kunst, Kultur usw.

Glossar

Glossar

❸ Erläutere die Weiterbildungs- und Aufstiegsmöglichkeiten der Beispiele in **M5**.

❹ Bildet Gruppen. Sucht euch pro Gruppe einen Beruf aus. Recherchiert Weiterbildungs- und Fortbildungsmöglichkeiten zu diesem Beruf. Beispiele findet ihr in **M6**. Gestaltet eine Wandzeitung dazu und präsentiert diese in der Klasse.

Internetrecherche Seite 12/13

3 Entwicklungsmöglichkeiten im Beruf

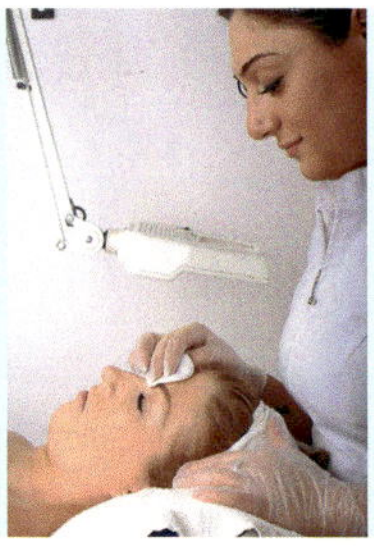
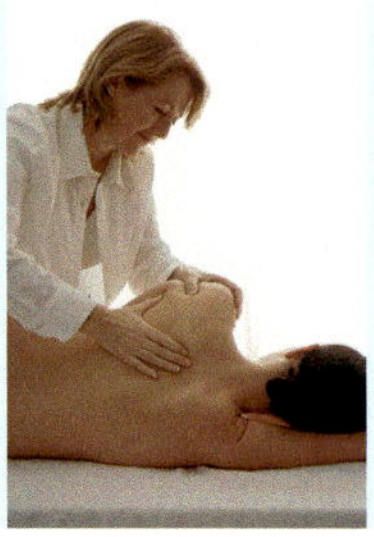

M7 Jana Steinhofer, 39 Jahre, erzählt von ihrem beruflichen Werdegang

Mein Name ist Jana Steinhofer. Ich habe nach Abschluss der Realschule eine duale Ausbildung zur Kosmetikerin gemacht und dann mehrere Jahre in einem kleinen Kosmetikstudio in meiner Heimatstadt gearbeitet. Die Arbeit gefiel mir, aber nach einiger Zeit wurde es mir zu langweilig und ich habe mich nach Weiter- und Fortbildungsmöglichkeiten umgeschaut.

Ich habe dann mehrere Fortbildungskurse belegt, um mich über neue Techniken im Bereich Kosmetik, Pflege und Nageldesign zu informieren. In meinem Beruf ist das sehr wichtig.

Zusätzlich habe ich eine Ausbildung zur Masseurin gemacht und mich auf Ayurvedamassage und Lymphdrainage spezialisiert. Schließlich entschloss ich mich, meinen Arbeitsplatz zu wechseln. Ich bewarb mich in einem Wellnesscenter, wo ich meine Kenntnisse der Kosmetikausbildung und die der Weiterbildung gut kombinieren konnte.

Mein neuer Arbeitsplatz gefiel mir sehr gut. Durch Gespräche mit meinen netten Kollegen dort habe ich erfahren, dass die Möglichkeit besteht, eine zusätzliche Weiterbildung zur ‚Betriebswirtin im Bereich Management im Gesundheitswesen' zu absolvieren. Ich habe lange überlegt, ob ich das machen soll – habe mich aber letztendlich dazu entschlossen, es zu tun.

Und ich habe es nicht bereut. Heute leite ich die Abteilung ‚Kosmetik und Massage' im Wellnesscenter und bin sehr zufrieden mit meiner Arbeit. Da wir jedes Jahr einen Ausbildungsplatz anbieten, stehe ich ab und zu auch den Auszubildenden zur Seite und betreue sie.

Ich bin sicher, dass ich heute nicht da wäre, wo ich bin, wenn ich keine Fort- und Weiterbildungsmöglichkeiten genutzt hätte.

1 Wertet die beiden beruflichen Werdegänge in M7 und M8 in Gruppen aus. Erstellt dafür eine Tabelle mit zwei Spalten. Schreibt in die eine Spalte, welche guten Entscheidungen getroffen wurden. In die andere Spalte schreibt ihr, welche Entscheidungen der beiden nicht so gut waren.

M8 **Florian Kranz, 42 Jahre, erzählt von seinen beruflichen Problemen**

Ich bin Florian Kranz. Im Moment bin ich nicht zufrieden mit meiner beruflichen Situation. Ich habe schon so einige Jobs gemacht und das Gefühl, nirgendwo anzukommen.

Nach meinem Realschulabschluss wollte ich Altenpfleger werden. Ich besuchte die Berufsfachschule und arbeitete in einer Altenpflegeeinrichtung. Anfangs gefiel es mir, aber es herrschte immer schlechte Stimmung und das zog mich total runter. Als ich es irgendwann nicht mehr aushielt, beschloss ich, den Beruf zu wechseln.
Da ich einen guten Notendurchschnitt in meinem Abschlusszeugnis hatte, fand ich einen neuen guten Ausbildungsplatz: Ich machte eine Ausbildung zum staatlich anerkannten Physiotherapeuten. Nach der Ausbildung habe ich ein paar Jahre in einem Rehabilitationszentrum gearbeitet.

Ich bekam dort aber langweilige Aufgaben. Ich fühlte mich unterfordert und fand es schade, keine Herausforderung zu haben. Aber ich wollte jetzt einfach durchhalten.

Nach ein paar Jahren beschloss ein Freund von mir, eine Autowerkstatt zu eröffnen und fragte mich, ob ich mit ihm zusammen arbeiten wolle. Ich hatte zwar keine richtige Qualifikation, aber die Idee fand ich toll und deshalb ergriff ich die Chance. Endlich raus aus dem alten Job!

Nach ungefähr einem halben Jahr habe ich dann aber festgestellt, dass dieser Job mir auch keinen Spaß machte. Ich entschloss mich, mir doch wieder einen Job als Physiotherapeut zu suchen. Ich fand eine Halbtagsstelle, wo ich auch jetzt noch arbeite. Das Geld reicht hinten und vorne nicht, also jobbe ich an einigen Abenden in der Woche noch an einer Tankstelle. Zufrieden bin ich absolut nicht. Aber ich weiß auch nicht, wie ich jetzt noch etwas ändern soll. Für eine Weiterbildung bin ich jetzt sowieso zu alt.

❷ Schätze ein, wer von den beiden seinen beruflichen Werdegang sinnvoller geplant hat. Begründe deine Einschätzung.

❸ Kommentiere, warum Jana zufrieden und Florian unzufrieden ist.

❹ Entwickle Ideen dazu, wie Florian versuchen kann, seine Situation zu verbessern.

3

3.3 Überprüfe dich selbst

Seite 32–33

1. Fasse mit wenigen Worten zusammen, warum lebenslanges Lernen wichtig ist.

Seite 32–33

2. Erläutere, warum sich die Bedeutung des lebenslangen Lernens im Vergleich zu früheren Generationen verändert hat.

Seite 32–33

3. Nenne drei Situationen aus deinem Alltag, in denen du etwas Nützliches gelernt hast. Beschreibe sie kurz.

Seite 36–37

4. Erkläre, wie das duale Berufsausbildungssystem in Deutschland funktioniert.

Seite 36–37

5. Nenne Weiterbildungsinstitute.

M9

M10

Seite 36–37

6. Stell dir vor, du hast einen Realschulabschluss gemacht und arbeitest jetzt als Erzieher/-in. Um dich beruflich weiterzubilden, möchtest du Sozialpädagogik studieren. Recherchiere, wie du vorgehen kannst.

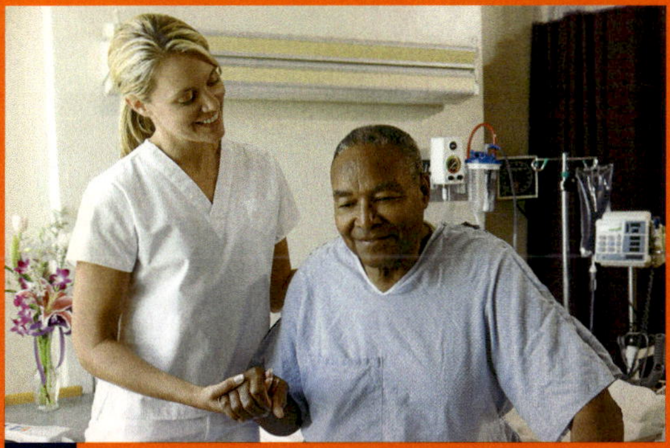

M11 Zufriedenheit im Beruf

M12 Unzufriedenheit im Beruf

7 Stelle dar, wie sinnvolle Weiterbildungsmaßnahmen zur eigenen Zufriedenheit beitragen können.

Seite 38–39

8 Erörtere, unter welchen Bedingungen dir ein Berufswechsel sinnvoll erscheint und unter welchen nicht.

Seite 38–39

Wichtige Begriffe aus dem Kapitel:

- Lifelong Learning
- Weiterbildung
- Qualifizierungsmöglichkeiten
- duales Berufsausbildungssystem
- Weiterbildungsinstitutionen

Tauscht euch aus:

- Was war für dich besonders interessant? Gestalte eine Mindmap zu einem Thema aus dem Kapitel, das dich interessiert.
- Hat der Inhalt des Kapitels Auswirkungen auf deine Einstellung zum Lernen? Begründe.
- Gibt es eine Weiterbildungsmöglichkeit, die du vorher noch nicht kanntest oder über die du dich gern noch besser informieren möchtest? Erläutere.

4

Beruf und Privatleben

4.1 Work-Life-Balance

	Katja frühstückt im Stehen mit der Kaffeetasse in der Hand.	6.30 Uhr		Michael sitzt am Frühstückstisch und liest in Ruhe die Tageszeitung.
	Katja sitzt in einem Gespräch mit Kollegen.	8.30 Uhr		Michael sitzt vor seinem PC im Büro und telefoniert.
	Katja isst ein belegtes Brötchen an ihrem Schreibtisch.	12.00 Uhr		Michael isst mit Kollegen in der Kantine eine warme Mahlzeit.
	Katja sitzt noch am PC im Büro.	18.00 Uhr		Michael spielt Tennis.
	Katja sitzt vor dem TV, neben ihr liegen eine Pizzaschachtel und zwei Aktenordner.	20.00 Uhr		Michael isst mit Freunden zu Abend.

M1 Tagesablauf von Katja, 34 Jahre, Leiterin der Personalabteilung einer großen Krankenkasse

M2 Tagesablauf von Michael, 35 Jahre, kaufmännischer Leiter einer großen Klinik

1. Vergleiche die beiden Tagesabläufe in **M1** und **M2**.
2. Schreibe einen Tagebucheintrag zu einem durchschnittlichen Tag in deinem Leben.
3. Notiere in ähnlicher Form den Tagesablauf einer berufstätigen Person in deinem Umfeld, z. B. von deinen Eltern, einem/einer Verwandten, einem Freund oder einer Freundin. Befrage die Person, ob sie damit zufrieden ist.

Einflussfaktoren auf die Work-Life-Balance

M3 Faktoren, die Einfluss auf die Work-Life-Balance nehmen

Unter dem Begriff ***Work-Life-Balance*** versteht man eine gute Vereinbarkeit von Beruf und Privatleben. Wer ein erfülltes, erfolgreiches Berufsleben hat und gleichzeitig im Privatleben für Familie, Freunde und Hobbys Zeit hat, dem wird eine ausgeglichene Work-Life-Balance bescheinigt.

Glossar

Beeinflusst wird diese Vereinbarkeit von verschiedenen Faktoren **M3**. Wichtig dabei ist auch die eigene Einstellung zum Beruf. So zeigen gerade Berufseinsteiger in ihren ersten Berufsjahren häufig eine hohe Leistungsbereitschaft und lassen ihr Privatleben zugunsten ihrer Karriere in den Hintergrund treten.

Doch wenn der Beruf völlig und dauerhaft in den Mittelpunkt des Lebens rückt oder äußerer Druck, beispielsweise Angst vor Entlassung, hinzukommt, kann die Work-Life-Balance schnell aus den Fugen geraten. Manche Beschäftigte leiden dann unter dem sogenannten ***Burnout-Syndrom***: Sie fühlen sich vollkommen erschöpft, überfordert, chronisch müde und oft leer. Dabei haben sie das Empfinden, den täglichen Anforderungen im Beruf nicht mehr gewachsen zu sein. Das Burnout-Syndrom gilt nicht als Krankheit, ist aber als erheblicher Einflussfaktor auf die Gesundheit bekannt. So zeigen aktuelle Studien von Krankenkassen, dass sich Arbeitnehmer immer häufiger aus psychischen Gründen krankmelden.

Glossar

Für Menschen, die unter dem Gefühl leiden, der Fülle von alltäglichen Anforderungen nicht mehr gerecht werden zu können, ist eine mögliche Gegenstrategie, sich selbst Zeit und Raum zum Ausruhen und Regenerieren zu geben. Ausgleichsmöglichkeiten wie z. B. Musik, Sport, andere Hobbys oder auch Entspannungstechniken können entlastend wirken. Darüber hinaus ist es wichtig, einen gewissen inneren Abstand zur Arbeit zu behalten.

Portfolio
g9sg7f

4 Untersuche und beurteile die Work-Life-Balance von Katja, Michael und dir.

5 Stell dir vor, du bist 40 Jahre alt. Beschreibe einen Tagesablauf in deinem Traumberuf. Wie sieht dann deine Work-Life-Balance aus?

6 Diskutiert, inwiefern die in **M3** genannten Faktoren einer ausgeglichenen Work-Life-Balance im Weg stehen können.

4.2 Maßnahmen zur Vereinbarkeit von Beruf und Privatleben

M4 Rückengymnastik

M5 Viele Berufe sind für Arbeitnehmer sehr kräftezehrend

Internettipps
64e6ac

Wie teuer sind Rückenschmerzen?

Fehlzeiten am Arbeitsplatz kosten Geld – nicht zuletzt aus diesem Grund haben Betriebe ein Interesse daran, dass ihre Mitarbeiterinnen und Mitarbeiter gesund sind und eine ausgeglichene Work-Life-Balance haben. Viele Arbeitgeber – häufig in großen Unternehmen – haben daher Angebote zur ***betrieblichen Gesundheitsförderung*** entwickelt, z. B.

Glossar

- Ernährungskurse und -beratung
- Rückenkurse, Gymnastik am Arbeitsplatz
- Sport- und Freizeitangebote
- ärztliche Untersuchungen und ***Prävention*** (z. B. Impfen)

Glossar

Vereinbarkeit von Beruf und Familie

Zur Work-Life-Balance gehört auch die Vereinbarkeit von Beruf und Familie. Gerade für Frauen, die häufig zwar eine abgeschlossene Berufsausbildung haben, aber bei der Familiengründung oft aus dem Berufsleben ausscheiden, wird gefordert, die Vereinbarkeit von Beruf und Familie als gesellschaftliche Aufgabe anzunehmen. Zudem muss die gesellschaftliche Akzeptanz bezüglich Elternzeit für Väter wachsen.

Der Staat hat sich neben der Einführung des Elterngeldes in den letzten Jahren verstärkt für den Ausbau der Kinderbetreuung eingesetzt. Allerdings fehlen in manchen Regionen immer noch zahlreiche Kindergartenplätze, obwohl ab 2013 ein Rechtsanspruch auf einen Kindergartenplatz besteht. Zudem kommt es häufiger vor, dass die Öffnungszeiten von Kindertagesstätten nicht mit den Arbeitszeiten der Eltern zu vereinbaren sind. In vielen Fällen ist daher eine zusätzliche private Betreuung notwendig.

In einer ähnlich schwierigen Lage sind Menschen, die ihren Beruf und die Pflege von Familienangehörigen vereinbaren müssen. Sie stehen unter großer zeitlicher und seelischer Belastung.

❶ Wählt einen Betrieb in eurer Region aus und informiert euch, welche Maßnahmen es zur Gesundheitsförderung gibt. Stellt eure Ergebnisse auf einer Wandzeitung dar.

❷ „Gesundheitsförderung – das ist doch verschwendetes Geld. Meine Mitarbeiter haben doch höchstens einmal eine Erkältung, da hilft auch kein Entspannungskurs." – Nimm Stellung zu dieser Aussage.

Verschiedene Arbeitszeitmodelle

Feste Arbeitszeit

- Arbeitsbeginn und -ende immer zur gleichen Zeit
- zum Teil auch festgelegte Pausenzeiten

Schichtarbeit

- gearbeitet wird in einem bestimmten Schichtrhythmus (z. B. Frühschicht, Spätschicht, Nachtschicht)
- regelmäßiger Wechsel der Schichten und freie Tage zwischen Nachtschichten (23 Uhr bis 6 Uhr)

Teilzeitarbeit

- die Arbeitszeit liegt unter der betrieblichen Regelarbeitszeit
- in Absprache mit dem Arbeitgeber wird eine wöchentliche Stundenanzahl festgelegt
- Lage und Verteilung der Arbeitszeit sind ebenfalls Abstimmungssache

Flexible Arbeitszeit (Gleitzeit)

- ermöglicht den Mitarbeitern, Beginn und Ende der Arbeitszeit innerhalb einer festgelegten Gleitzeit selbst zu bestimmen
- während einer Kernarbeitszeit gilt Anwesenheitspflicht am Arbeitsplatz

Vertrauensarbeitszeit

- Wegfall der formellen Zeiterfassung
- stattdessen ist jeder Mitarbeiter für seine Arbeitszeit selbst verantwortlich (im Vertrauen des Arbeitgebers)
- eigenverantworliches Ausgleichen von Abweichungen

Es gibt unterschiedliche ***Arbeitszeitmodelle***. Für die Vereinbarkeit von Familie und Beruf ist es sehr hilfreich, nach einem Arbeitszeitmodell arbeiten zu können, das der zeitlichen Organisation des Familienlebens entgegenkommt. Dabei ist es für Mütter in der Regel einfacher, die Arbeitszeit der Kinder wegen zu reduzieren.

Beim sogenannten Baukastensystem ist es sogar möglich, sich sein Arbeitszeitmodell individuell zusammenzustellen. Nicht nur das richtige Arbeitszeitmodell jedoch erleichtert die Vereinbarkeit von Familie und Beruf – es gibt noch andere Wege. So können in einigen Unternehmen z. B. Mitarbeiter zu Hause arbeiten, also im „Home office". In manchen Unternehmen gibt es außerdem die Möglichkeit, ein Sabbatjahr zu nehmen, also ein Jahr lang nicht oder nur in Teilzeit zu arbeiten. Während dieses Jahres erhält man einen Teil seines Gehaltes weiterhin, muss jedoch vorher auf einen Teil des Gehaltes verzichten.

Glossar

3 Recherchiere im Internet zum Thema Elterngeld. Beurteile, inwiefern Elterngeld zur besseren Vereinbarkeit von Beruf und Familie beiträgt.

4 Stelle Vor- und Nachteile der unterschiedlichen Arbeitszeitmodelle in Hinblick auf die Vereinbarkeit von Beruf und Familie zusammen.

5 Welches Arbeitszeitmodell könntest du dir für dein späteres Berufsleben am besten vorstellen? Begründe.

Internet-recherche
Seite 12/13

4

4.3 Gender Mainstreaming

M6 Erzieher – ein typischer Frauenberuf?

M7 Kfz-Mechanikerin – ein typischer Männerberuf?

Was ist Gender Mainstreaming?

Glossar

Gender Mainstreaming ist eine Strategie, die Gleichstellung von Mann und Frau in allen gesellschaftlichen Bereichen zu verwirklichen. „Gender" (engl.) steht dabei für das ***soziale Geschlecht*** im Gegensatz zum biologischen Geschlecht (engl. *sex*). „Mainstreaming" bedeutet sinngemäß „in den Hauptstrom bringen". Gender Mainstreaming unterscheidet sich von der sogenannten Frauenquote dadurch, dass beide Geschlechter gleichermaßen berücksichtigt werden sollen. Rechtlich verankert ist der Ansatz seit 1999 im Amsterdamer Vertrag, der alle Mitgliedsstaaten der Europäischen Union zu einer aktiven ***Gleichstellungspolitik*** verpflichtet.

Glossar

Die ***Frauenquote*** hat das Ziel, ganz speziell Frauen zu fördern. Durch sie soll die Anzahl von Frauen in Arbeitsbereichen erhöht werden, in denen sie unterrepräsentiert sind, z. B. in Führungsfunktionen. Dies heißt für Arbeitgeber, darauf zu achten, dass sie bei der Suche von Mitarbeitern eine bestimmte Anzahl von Frauen einstellen. So soll verhindert werden, dass Arbeitgeber Frauen aufgrund ihres Geschlechts benachteiligen, wenn es mehrere gleich qualifizierte Bewerber gibt. Eine bestimmte Frauenquote zu erfüllen, ist in Deutschland keine Pflicht. In Teilen des öffentlichen Dienstes wird freiwillig darauf geachtet, dass Frauen gleichberechtigt eingestellt werden. Es gibt jedoch auch viele Kritiker der Frauenquote.

In welchen Bereichen spielt Gender Mainstreaming eine Rolle?

- **Berufswahl:** Ausbildungsstellen richten sich zwar heute selbstverständlich zugleich an männliche und weibliche Bewerber. Allerdings entscheiden sich die meisten Mädchen immer noch für typische Frauenberufe wie Verkäuferin, Arzthelferin oder Friseurin, während Jungen männertypische Berufe wie Kfz-Mechatroniker, Koch oder Tischler bevorzugen.
- **Bereich Gesundheit:** Frauen und Männer haben unterschiedliche gesundheitliche Probleme. Doch auch hier treffen nicht alle Vorurteile zu: So erkranken z. B. nicht nur Mädchen, sondern auch Jungen an Magersucht.

Pro-und-Kontra-Diskussion
Seite 48/49

1. Betrachte M6 und M7. Beschreibe, was dir spontan auffällt. Sammelt eure Anmerkungen in der Klasse.
2. Nenne weitere Beispiele für Vorurteile hinsichtlich Männer/Frauen. Ihr könnt dazu z. B. Werbeanzeigen untersuchen und vergleichen.
3. Diskutiert, welche Rolle die Frauenquote bei der Gleichstellung zwischen Mann und Frau spielt.

Die Förderung von Jungen und Männern

Im 19. und 20. Jahrhundert kämpfte und sorgte die ***Frauenrechtsbewegung*** dafür, dass die Rechte von Frauen in vielen unterschiedlichen Bereichen deutlich gestärkt wurden. Aktuell gibt es im Gegenzug viele Debatten darum, dass auch die Interessen von Jungen und Männern wieder stärker gefördert werden müssen. Während es schon seit mehr als zehn Jahren einen bundesweiten Girls'Day gibt, fand der erste Boys'Day im Jahr 2011 statt.

In einem Krankenhaus.
Ein freiwilliger Pflegehelfer mit langen Haaren wird von einem älteren Paar von hinten angesprochen.
Alte Dame: „Hallo! Schwester!“
Der Pflegehelfer dreht sich um und antwortet mit tiefer Stimme: „Ja, bitte?“
Alte Dame:
„Oh, entschuldigen Sie bitte, Herr Doktor …“

M8 Gleichstellung von Männern und Frauen – ein Zukunftsthema

Glossar

Portfolio b9h3n5

M9 Erster Boys'Day am 14. April 2011

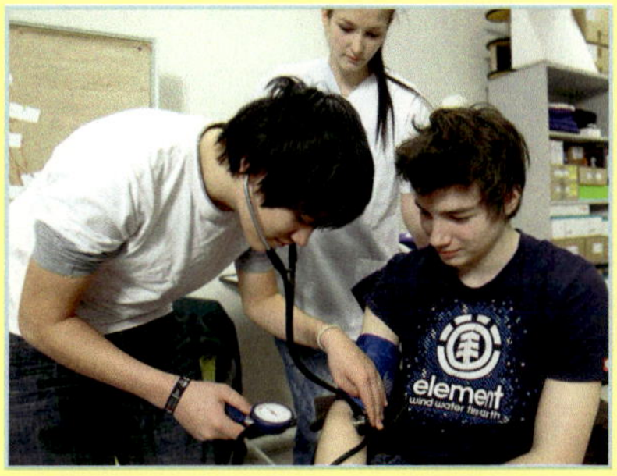

Vielfältige neue Berufs- und Lebenswege können Schüler der Klassen fünf bis zehn am ersten bundesweiten Boys'Day – Jungen-Zukunftstag am 14. April 2011 entdecken. Ob Kindergarten, Blumengeschäft, Seniorenheim, Grundschule oder Krankenhaus: Jungen stehen an diesem Tag zahlreiche Schnuppermöglichkeiten in Berufsbereiche offen, in denen bisher nur wenige Männer arbeiten. […]

„Der Boys'Day bietet den Jungs Einblicke in interessante und chancenreiche Berufe. Berufe, von denen viele von ihnen bislang noch gar keine richtige Vorstellung hatten“, so Bundesfamilienministerin Kristina Schröder. „Der Boys'Day zeigt den Jungs also neue Wege für ihre berufliche Zukunft auf. Davon profitieren sowohl die Jugendlichen als auch die potentiellen zukünftigen Arbeitgeber […].“

Dienstleistungsberufe, besonders in Erziehung, Gesundheit und Pflege, werden von Jungen und jungen Männern bisher noch selten in Betracht gezogen. Hier zeichnet sich jedoch ein Fachkräftemangel und auch ein besonderer gesellschaftlicher Bedarf ab: Viele Teams und Kollegien würden in Zukunft gerne mehr Männer willkommen heißen.

Quelle: Pressemitteilung der Bundesweiten Koordinierungsstelle Boys'Day – Jungen-Zukunftstag vom 12.04.2011

4. Führt eine Umfrage in eurer Jahrgangsstufe durch: Welche Berufswünsche haben eure Mitschüler/innen? Wie viele entscheiden sich für einen typischen Frauen- bzw. Männerberuf?

5. Erläutere, inwiefern Veranstaltungen wie der Boys'Day zur Gleichstellung von Mann und Frau beitragen können **M9**.

6. Kommentiere die Situation in **M8**. Warum ist es noch ein langer Weg zur Gleichstellung?

4 Methode
Pro-und-Kontra-Diskussion

M10 Diskussion über die Frauenquote

Planen / Vorbereiten

Gender Mainstreaming hat besonders auf dem Arbeitsmarkt eine wichtige Bedeutung. In 90 von 100 der größten deutschen Unternehmen sitzt keine Frau in der Führungsetage, so eine aktuelle Studie des Deutschen Instituts für Wirtschaftsforschung. Es gibt daher eine Diskussion über eine Frauenquote. Diese soll gesetzlich vorschreiben, wie viel Prozent der Führungspositionen in großen Unternehmen von Frauen besetzt werden sollen.

Was ist eure Meinung zur Frauenquote? Überlegt Pro- und Kontra-Argumente für eine Diskussion zu diesem Thema.

Vereinbart zunächst Kriterien, auf die ihr bei eurer Diskussion achten möchtet.

Stellt an der Tafel einige Punkte zusammen.

Beispiel:

- verständliche Aussagen
- sachlich dargestellt
- den anderen ausreden lassen
- …

So geht's:

Durchführen

1. Teilt eure Klasse in zwei gleich große Gruppen ein.
2. Eine Gruppe vertritt die Pro- und die andere Gruppe die Kontra-Frauenquote-Seite.
3. Jede Gruppe bekommt ca. 30 Minuten Zeit, um sich auf die Diskussion vorzubereiten. Diskutiert in eurer Gruppe Argumente für und gegen die Frauenquote.
4. Schreibt eure Argumente auf Karten.
5. Wählt aus eurer Gruppe zwei Mitschülerinnen/Mitschüler aus, die diese Argumente in der Diskussion vertreten sollen.
6. Stellt jeweils zwei Stühle vor der Tafel auf und reiht die anderen Stühle für das Publikum darum herum.
7. Eure Lehrerin/euer Lehrer oder eine ausgewählte Mitschülerin/ein ausgewählter Mitschüler ist die Leiterin/der Leiter der Diskussion. Sie/er achtet darauf, dass die Argumente der Pro- und Kontra-Seite abwechselnd vorgetragen werden, und hält sie an der Tafel fest.
8. Nach der Diskussion dürfen zuerst die Mitschüler/innen, die diskutiert haben, zu Wort kommen: Was ist leicht, was ist schwer gefallen?

Auswerten / Reflektieren

9. Wertet eure Diskussion gemeinsam unter den gesammelten Kriterien aus. Besprecht im Kurs, was gut geklappt hat und worauf ihr bei der nächsten Diskussionsrunde achten solltet.

Zusatzaufgaben:

Führt vor und nach der Durchführung eine Abstimmung durch:
Wer ist für und wer gegen die Frauenquote?

Überlegt vor der zweiten Abstimmung, ob und welche Argumente euch persönlich überzeugt haben.

4

4.4 Überprüfe dich selbst

Seite 42–43

❶ Fasse mit wenigen Worten zusammen, was der Begriff Work-Life-Balance bedeutet.

Seite 42–43

❷ Ordne die folgenden Begriffe in einer Rangfolge: Was wäre dir in deinem späteren Leben am wichtigsten?

- hohes Gehalt
- nette Kolleginnen/Kollegen
- abwechslungsreiche Tätigkeiten
- geregelte Arbeitszeiten
- Aufstiegsmöglichkeiten

Überlege, welche Auswirkungen die Rangfolge auf deine Work-Life-Balance haben könnte.

Seite 42–43

❸ Erläutere, wie es dazu kommen kann, dass Arbeitnehmer unter dem Burnout-Syndrom leiden.

Seite 44–45

❹ Beschreibe vier Arbeitszeitmodelle und nenne jeweils einen Beruf, für den das Modell typisch ist.

Seite 44–45

❺ Nenne Beispiele für betriebliche Gesundheitsförderung.

Seite 44–45

❻ Erläutere, warum es schwierig sein kann, Familie und Beruf miteinander zu vereinbaren.

7 Beschreibe die Prinzipien von Gender Mainstreaming in deinen eigenen Worten. Seite 46–47

8 Seit mehr als 10 Jahren findet schon ein bundesweiter Girls'Day statt. Erst seit 2011 gibt es den Boys'Day. Erläutere, was dies über den Prozess der Gleichstellung von Mann und Frau aussagt. Seite 46–47

M11 Ingenieurin

M12 Krankenpfleger

Wichtige Begriffe aus dem Kapitel:

- Work-Life-Balance
- Arbeitszeitmodell
- Burnout-Syndrom
- Prävention
- feste Arbeitszeit
- Schichtarbeit
- Teilzeitarbeit
- Gleitzeit
- Vertrauensarbeitszeit
- Home Office
- Sabbatjahr
- betriebliche Gesundheitsförderung
- Gender Mainstreaming
- Gleichstellungspolitik
- Frauenquote

Tauscht euch aus:

- Was war für dich besonders interessant? Gestalte eine Mindmap zu einem Thema aus dem Kapitel, das dich interessiert.
- Hat der Inhalt des Kapitels Auswirkungen auf deine Berufswahl? Begründe.
- Welche neuen Erkenntnisse hast du in Bezug auf Vorurteile gegenüber Mädchen bzw. Jungen gewonnen? Erläutere.

5 Der Europäische und der Deutsche Qualifikationsrahmen

5.1 Inhalte und Ziele

Was ist der EQR?

Glossar

EQR steht für Europäischer Qualifikationsrahmen für lebenslanges Lernen. Er beschreibt in acht Stufen – ausgehend von Lernergebnissen – ***Qualifikationen*** von Lernenden und Beschäftigten. Als „Übersetzungshilfe“ für die verschiedenen nationalen Bildungssysteme soll er Bildung in Europa vergleichbar machen.

Was ist der DQR?

Glossar

Der ***DQR*** (Deutscher Qualifikationsrahmen für lebenslanges Lernen) ist die deutsche Version des EQR. Er umfasst alle Qualifikationen, die in Deutschland erworben werden können, und ordnet diese ebenfalls in acht Stufen ein.

Welche Absichten werden mit dem EQR und DQR verfolgt?

Bürgerinnen und Bürger der Europäischen Union (EU) können in allen Ländern der EU ihren Beruf ausüben. Mithilfe des EQR und DQR sollen Qualifikationen vergleichbarer und das lebenslange Lernen unterstützt werden. Auf diese Weise soll einerseits die ***Mobilität*** innerhalb von Europa gefördert werden, andererseits aber auch die Durchlässigkeit zwischen den Ausbildungswegen innerhalb von Deutschland.

Wie sieht der Stand der Umsetzung aus?

Der EQR gilt formal seit 2008. Für den DQR lag seit Februar 2009 ein Entwurf zur Erprobung vor, der 2011 vom Arbeitskreis Deutscher Qualifikationsrahmen verabschiedet wurde.

M1 **Timo, 17 Jahre**

Nach der Hauptschule bin ich auf die Berufsfachschule mit dem Profil Gesundheit und Pflege gegangen. Inzwischen habe ich die Fachschulreife in der Tasche und bewerbe mich nun für eine Ausbildung zum Krankenpfleger.

M2 **Kerstin, 26 Jahre**

Ich habe gerade die Bachelor-Prüfung im Studiengang Gesundheitsökonomie absolviert und suche nun einen Job im Management einer großen Krankenkasse – gerne auch im Ausland.

M3 **Georg, 56 Jahre**

Ich bin Professor für Medizin an der Universität Hamburg. Dort gebe ich Vorlesungen für die Studierenden und forsche im Bereich Herz-Kreislauf-Erkrankungen.

❶ Erkläre mit eigenen Worten, worum es sich beim EQR und DQR handelt.

❷ Informiert euch im Internet über den aktuellen Stand der Umsetzung beim DQR.

❸ Nenne die Bildungsabschlüsse von Timo, Kerstin und Georg.

Die acht Niveaustufen des EQR

Stufe 1
- Grundlegendes Allgemeinwissen
- Grundlegende Fertigkeiten für einfache Aufgaben
- Arbeiten oder Lernen in einem vorstrukturierten Kontext unter direkter Anleitung

Stufe 2
- Begrenztes Spektrum an konkreten und allgemeinen Kenntnissen, Fertigkeiten und Kompetenzen
- Anwendung der Kompetenzen unter Anleitung mit einem gewissen Maß an Selbstständigkeit

Stufe 3
- Breite Allgemeinbildung und grundlegende Kenntnisse und Fertigkeiten (Praxis und Theorie) in einem spezifischen Arbeits- oder Lernbereich
- Fähigkeit, Aufgaben nach Anweisung eigenverantwortlich auszuführen

Stufe 4
- Breites Spektrum an Theorie- und Faktenwissen in einem Arbeits- oder Lernbereich
- Fähigkeit, fachspezifische Kompetenzen in bekannten und neuen Kontexten anzuwenden, Probleme selbstständig zu lösen und andere zu beaufsichtigen

Stufe 5
- Umfassendes, spezialisiertes Theorie- und Faktenwissen in einem Arbeits- oder Lernbereich
- Fähigkeit, kreative und strategische Lösungen für Probleme zu erarbeiten sowie andere Personen zu leiten und zu beaufsichtigen
- Überprüfung und Entwicklung der eigenen Leistung und der Leistung anderer Personen

Stufe 6
- Detailliertes Theorie- und Faktenwissen in einem Arbeits- oder Lernbereich
- Fortgeschrittene Fähigkeit, komplexe Probleme zu lösen, Projekte und Teams zu leiten sowie Verantwortung für Entscheidungen zu übernehmen

Stufe 7
- Hoch spezialisiertes Wissen, das zum Teil an neueste Erkenntnisse in einem Arbeits- oder Lernbereich anknüpft
- Spezialisierte Problemlösungsfertigkeiten im Bereich Forschung, um neue Kenntnisse und Verfahren zu entwickeln und komplexe Projekte zu leiten

Stufe 8
- Spitzenkenntnisse in einem Arbeits- oder Lernbereich und an der Schnittstelle zu verschiedenen Bereichen
- Weitest spezialisierte Fähigkeit zur Lösung zentraler Fragestellungen und zur Entwicklung neuer, kreativer Ansätze im Bereich Forschung

Internettipps
i8u6tr

4 Versucht, die Fallbeispiele M1 bis M3 den Stufen des EQR zuzuordnen, und begründet eure Zuordnung. Welche Schwierigkeiten gibt es bei der Zuordnung?

5.2 Auswirkungen und Kritik

M4 EQR und DQR sollen die Mobilität verbessern

Zukunftsfähigkeit von Berufen
Seite 14/15

M5 **Dem Gesundheitswesen droht der Kollaps**

Doppelt so viel Wartezeit beim Hausarzt, 60-Stunden-Woche für Krankenschwestern, zahlreiche unbesetzte Arztstellen. Einer Studie zufolge könnte in 20 Jahren eine riesige Lücke von fast einer Million Fachkräften in der Gesundheitsversorgung klaffen. Ohne Reform droht dem System der Kollaps.

Das Gesundheitssystem steuert wegen der Alterung der Gesellschaft auf einen dramatischen Fachkräftemangel zu. Einer aktuellen Studie zufolge werden bereits 2020 in Deutschland fast 56 000 Ärzte sowie 140 000 Pflege- und andere nicht-ärztliche Fachkräfte fehlen. Zu diesem Ergebnis kommt eine Untersuchung der Beratungsgesellschaft PriceWaterhouseCoopers (PwC) und des Darmstädter Wirtschaftsforschungsinstituts (Wifor) […].

Bis 2030 drohe die Personallücke in der Gesundheitsversorgung sogar auf über 950 000 Fachkräfte anzuwachsen. Hinzu komme der Personalbedarf in der Altenpflege. Ohne Reformen stehe das System vor dem Kollaps. […]

Um einen Pflegenotstand abzuwenden, sei das deutsche Gesundheitssystem auf zusätzliche Pflegekräfte aus dem Ausland angewiesen, mahnten die Studienautoren. […]

Quelle: Handelsblatt vom 22.10.2010

Portfolio
777nq6

1. Erläutere, inwiefern DQR und EQR in **M4** und **M5** von Bedeutung sein können. Beziehe dabei die Aspekte Vergleichbarkeit von Qualifikationen, Mobilität und Löhne/Gehälter mit ein.
2. Die Orientierung am DQR ist nicht verpflichtend. Diskutiert, welche Probleme sich dadurch für Arbeitgeber und Arbeitnehmer ergeben können.

M6 **Formales Lernen**
führt zu anerkannten Abschlüssen und Qualifikationen. Es ist nach bestimmten Lernzielen und Lernzeiten strukturiert (z. B. durch Lehrpläne) und findet in allgemeinen Bildungs- und Ausbildungseinrichtungen statt (z. B. Schule, Universität).

M7 **Nicht-formales Lernen**
bezeichnet Lernen außerhalb der Hauptsysteme der allgemeinen und beruflichen Bildung und führt nicht unbedingt zum Erwerb eines formalen Abschlusses. Es kann am Arbeitsplatz stattfinden, im Rahmen von Aktivitäten der Organisationen der *Zivilgesellschaft* (z. B. Jugendorganisationen, Gewerkschaften, Parteien) oder von Organisationen und Diensten, die zur Ergänzung des formalen Systems eingerichtet wurden (z. B. Kunst-, Musik- und Sportvereine).

M8 **Informelles Lernen**
bezeichnet die natürliche Begleiterscheinung des täglichen Lebens. Anders als beim formalen und nicht-formalen Lernen handelt es sich beim informellen Lernen nicht notwendigerweise um ein *intentionales* Lernen, weshalb es auch von den Lernenden selbst unter Umständen gar nicht als Erweiterung ihres Wissens und ihrer Fähigkeiten wahrgenommen wird.

Glossar

Diversität der Bildungswege

Sowohl beim EQR als auch beim DQR geht es nicht allein um formale Qualifikationen. Auch Kompetenzen, die außerhalb von Schule, Hochschule oder Beruf erworben werden, sollen Berücksichtigung finden. Aus diesem Grund beschreiben die Qualifikationsrahmen auch Lernergebnisse und nicht reine Abschlüsse. Wichtig ist demnach, was jemand kann, und nicht, wo es gelernt wurde. Insgesamt soll durch die Anrechnung von Kompetenzen auch das lebenslange Lernen gestärkt werden, indem z. B. Studienzeiten verkürzt werden können.

Ein anderes wichtiges Ziel des EQR und DQR ist es, dem Grundsatz der ***Inklusion*** gerecht zu werden, wonach alle Menschen das gleiche Recht auf Zugang zum Bildungssystem und Arbeitsmarkt haben. Es soll niemand ausgeschlossen werden.

Kritik am DQR

Konfliktstoff gibt es bei der Umsetzung des DQR vor allem bei der Zuordnung von Qualifikationen in die Niveaustufen. Vertreter aus der Ausbildung bemängeln ebenso wie Personen aus dem Hochschulbereich, dass die beruflichen bzw. ***akademischen*** Qualifikationen nicht ausreichend und gleichwertig abgebildet würden.

Im Rahmen der Erarbeitung der DQR setzten sich wiederum vor allem Sozialverbände dafür ein, dass Menschen mit Behinderungen nicht durch das Raster fallen, sondern bei der Formulierung der Niveaustufen berücksichtigt werden.

Glossar

Weiterbildung
Seite 36/37

Glossar

Lifelong Learning
Seite 32/33

3. Sammelt Beispiele für formales, nicht-formales und informelles Lernen (Erklärung siehe **M6** bis **M8**).
4. Erläutere, warum nicht-formales und informelles Lernen durch den DQR an Bedeutung gewinnen.
5. Führt eine Zukunftswerkstatt zum Thema „Ein Arbeitsmarkt für alle“ durch. Ihr könnt auch ein eigenes Thema bestimmen.
6. Nimm Stellung dazu, inwiefern Menschen mit Behinderung beim DQR berücksichtigt werden.

Zukunftswerkstatt
Seite 56/57

5 Methode
Zukunftswerkstatt

Die Methode der Zukunftswerkstatt kann überall dort eingesetzt werden, wo Menschen gemeinsam nach neuen Lösungen für technische, soziale oder gesellschaftliche Probleme suchen.

So geht's:

Planen

Einigt euch in eurer Lerngruppe auf ein passendes Thema.
Hier eignen sich alle Fragestellungen, aus denen sich Ideen für eine wünschenswerte Zukunft ableiten lassen. Die Rolle des Moderators sollte eure Lehrkraft übernehmen. Besprecht im Vorfeld auch „Spielregeln“ und alle organisatorischen Fragen.

Benötigtes Material: Karteikarten, Tonpappe, Stifte, Pinnwände, Nadeln

Durchführen Phase 1: Kritikphase

1. Der Moderator stellt eine provozierende Leitfrage zum Thema (z. B. zum Thema „Gesunde Schule“ – Was stört euch an eurer Schule? „Was stört euch an …?“). Nun könnt ihr richtig „Dampf ablassen“: Nach kurzem Überlegen schreibt ihr eure Kritikpunkte groß und deutlich auf Karteikarten. Wichtig: Keine Bewertung der Kritik – alles darf gesagt werden! Die Karten können dann gebündelt und an Pinnwände gehängt werden.

Durchführen Phase 2: Fantasie- und Utopiephase

2. In dieser Phase könnt ihr eurer Fantasie freien Lauf lassen. Entwickelt Ideen zu den Fragen: Wie wäre es besser? Was ist mein Traum? Wie können wir es besser machen? Stellt euch dabei vor, ihr habt alle Macht und Geld, um eure Lösungsideen zu verwirklichen. Notiert diese Ideen wieder auf Karten.

Durchführen Phase 3: Verwirklichungsphase

3. Nach der Fantasiereise geht es nun wieder „auf den Boden der Tatsachen“ zurück. Im Mittelpunkt stehen die Fragen: Welche Ideen sind uns am wichtigsten? Inwiefern lassen sich diese Ideen realistisch umsetzen? Welche Schritte müssen wir dazu konkret in Angriff nehmen? Ihr könnt eure Ergebnisse auf Wandzeitungen festhalten.

Reflektieren

4. Zum Abschluss fasst der Moderator die Ergebnisse der Zukunftswerkstatt noch einmal zusammen. Damit diese nicht verloren gehen, solltet ihr an dieser Stelle konkret vereinbaren, wie es weitergeht. Und nicht zu vergessen: In einer Feedback-Runde ist jeder von euch aufgefordert, seine Meinung zur Durchführung und zu den Ergebnissen der Zukunftswerkstatt zu äußern.

Beispiel für eine Zukunftswerkstatt

Thema: Der Berufswahlprozess an unserer Schule

❶ Kritikphase

Mögliche Kritikpunkte:
Der Prozess beginnt viel zu spät, Maßnahmen bringen nichts, zu wenig Unterstützung beim Schreiben der Bewerbung, in der Schule liegen die Informationen über Ausbildungsberufe nicht vor, Einschätzungstests sind überflüssig, zu viel Theorie

❷ Fantasie- und Utopiephase

Mögliche Ideen:
Eine Stunde Bewerbungstraining pro Woche in Kleingruppen, ein offener „Berufe-Raum" mit Infomaterialien, Befragung von Auszubildenden in verschiedenen Berufen, Überprüfung von Bewerbungsschreiben …

❸ Verwirklichungsphase

Mögliche nächste Schritte:
- Gespräch mit dem Schulleiter über die Einrichtung eines Berufe-Raums
- Einladen von Auszubildenden und Experten in den Unterricht
- Bewerbungsgespräch in Rollenspielen üben

Tipps für die Durchführung

- ausreichend Zeit einplanen
- einen passenden Raum vorbereiten: Stuhlkreis, Tische beiseite stellen
- während der Fantasiereise Musik abspielen

Andere mögliche Themen

- Gestaltung der Schulcafeteria
- Der Arbeitsmarkt der Zukunft
- Mobbing in der Schule
- Gesunde Schule

5.3 Überprüfe dich selbst

Seite 52

1. Nenne die wichtigsten Ziele, die mit dem EQR und DQR verfolgt werden.

Seite 53

2. Ordne die folgenden Fallbeispiele in die Niveaustufen des EQR ein.

Lisa, 52 Jahre

Ich habe einen Master in Chemie und bin Projektleiterin in der Forschungsabteilung eines internationalen Pharmakonzerns.

Ben, 32 Jahre

Ich habe gerade eine Stelle als Altenpfleger in einem Seniorenheim begonnen. Zum Glück habe ich eine nette Chefin, die mir meine Aufgaben genau erklärt.

Tine, 16 Jahre

Ich mache zurzeit ein Praktikum in einer Arztpraxis. Im Sommer steht meine Abschlussprüfung in der Realschule an.

Seite 54

3. Erläutere den Begriff Mobilität und setze ihn in Beziehung zum EQR.

Seite 55

4. „Früher konnte man 40 Jahre lang in derselben Firma arbeiten, ohne sich ständig weiterbilden zu müssen. Heute ist alles viel hektischer." Nimm Stellung zu dieser Aussage. Beziehe dabei auch den Aspekt „Arbeiten in Europa" ein.

Wichtige Begriffe aus dem Kapitel:

- Qualifikationen
- EQR
- DQR
- Mobilität
- formales, nicht-formales und informelles Lernen
- Inklusion
- Diversität

Tauscht euch aus:

- Was war für dich besonders interessant? Gestalte eine Mindmap zu einem Thema aus dem Kapitel, das dich interessiert.
- Käme ein Beruf im europäischen Ausland auch für dich infrage? Begründe.
- Wie stellst du dir deinen weiteren Bildungsweg vor? Entwirf deinen Traum-Lebenslauf.

Reflexion: Persönliche und berufliche Perspektiven

Portfolio
zv583f

In diesem Themenheft hast du viel über Berufsbilder, Qualifikationen und Perspektiven im Bereich Gesundheit und Soziales erfahren.

Du kannst jetzt:

- verschiedene Berufsfelder im Bereich Gesundheit und Soziales beschreiben,
- Schlüsselkompetenzen, Zukunftschancen, Ausbildungs- und Weiterbildungsmöglichkeiten darstellen und bewerten,
- die Vielfältigkeit von Lebensmodellen erfassen.

Nimm dir zum Abschluss die Zeit, deine eigenen persönlichen und beruflichen Perspektiven zu reflektieren. Die folgenden Leitfragen können dir dabei helfen:

- Wo liegen meine Stärken und Schwächen?
- Was ist mir persönlich wichtig?
- Welche Folgen ergeben sich daraus für meine Berufswahl?
- Welche Berufsbilder interessieren mich am meisten?
- Wie beurteile ich die Zukunftschancen in diesen Bereichen?
- Welche Perspektiven bieten die Berufsbilder, um mich persönlich und beruflich weiterzuentwickeln?
- Wie stelle ich mir mein Arbeits- und Privatleben vor?

Glossar

A

akademisch
Der Begriff „akademisch" stammt aus dem Griechischen und bedeutet „an einer Universität oder Hochschule erworben".

aktives Zuhören
Aktives Zuhören besteht darin, seinem Gesprächspartner ruhig und aufmerksam zuzuhören und dessen Äußerungen und auch Gefühle mit eigenen Worten wiederzugeben.

Arbeitszeitmodell
Arbeitszeitmodelle sind Arbeitszeitregelungen. Darunter fallen z. B. die feste Arbeitszeit oder die Teilzeit.

B

betriebliche Gesundheitsförderung
Betriebliche Gesundheitsförderung bedeutet, dass es an der Arbeitsstelle Angebote zur Aufrechterhaltung und Förderung der Gesundheit gibt.

Burnout-Syndrom
„Burnout" heißt übersetzt „ausgebrannt" und meint, das jemand seelisch und körperlich vollkommen erschöpft ist. Dies passiert häufig durch zu starke Belastungen im Berufsleben.

D

demografischer Wandel
Mit dem Begriff demografischer Wandel bezeichnet man Veränderungen in Bezug auf die Altersstruktur der Gesellschaft.

Dienstleistung
Dienstleistungen sind Tätigkeiten, bei denen keine Produkte hergestellt, sondern menschliche Bedürfnisse erfüllt werden. Typische Beispiele für Dienstleistungsberufe sind Altenpfleger/-in oder Hotelfachfrau/-mann.

Dienstleistungssektor
Der Begriff Dienstleistungssektor beschreibt die Gruppe der Dienstleistungsberufe.

Diversität
Diversität bedeutet Vielfalt. Im Bereich der Bildung beschreibt dieser Begriff die Vielfältigkeit von Möglichkeiten, Bildung zu erlangen.

DQR
„DQR" ist die Abkürzung für den Deutschen Qualifikationsrahmen. Dieser ordnet Qualifikationen und Kompetenzen acht verschiedenen Niveaustufen zu. Daadurch sollen Bildungswege innerhalb Deutschlands vergleichbar werden.

duales Ausbildungssystem
Beim dualen Ausbildungssystem findet die Ausbildung an zwei Lernorten statt. Zum einen erwirbt der Auszubildende an der Berufsschule theoretisches Wissen, zum anderen werden ihm im Betrieb praktische Fähigkeiten vermittelt.

E

EDV
Die Elektronische Datenverarbeitung (EDV) ist der Sammelbegriff für die Erfassung und Bearbeitung von Daten durch elektronische Maschinen oder Rechner.

ehrenamtliche Arbeit
Bei einer ehrenamtlichen Arbeit erfolgt die Arbeit ohne Bezahlung. Vor allem in der Kirche und in Vereinen sind viele ehrenamtliche Mitarbeiter tätig.

Einrichtungen des Gesundheitssystems
Einrichtungen des Gesundheitssystems dienen der Förderung und dem Erhalt der Gesundheit sowie der Vorbeugung und Behandlung von Krankheiten und Verletzungen.

Emotionen
Emotion ist ein lateinisches Wort. Es wird als Synonym für „Gefühl" gebraucht. Emotionen können positiv oder negativ sein. Zu ihnen gehören unter anderem Angst, Ärger, Freude, Neid, Scham, Stolz und Trauer. Zu einer Emotion gehört nicht nur ein be-

stimmtes Gefühl, sondern auch eine bestimmte Körperreaktion und eine Verhaltensweise.

Empathiefähigkeit
Jemand, der Empathiefähigkeit besitzt, kann sich gut in eine andere Person hineinversetzen und deren Gefühle und Verhaltensweisen nachempfinden.

EQR
„EQR" ist die Abkürzung für den Europäischen Qualifikationsrahmen. Dieser formuliert die Fähigkeiten von Lernenden auf acht Niveaustufen, die europaweit von Bedeutung sind.

F

Feedback
Ein Feedback ist eine Rückmeldung. Bei dieser Rückmeldung werden häufig positive Punkte benannt, aber auch Verbesserungsvorschläge geäußert.

Fortbildung
Die Fortbildung ist ein Teilbereich der Berufsbildung. Sie zielt auf jene Qualifikationen, die bereits in einem Ausbildungsberuf erworben wurden, die erhalten, erweitert, der technischen Entwicklung angepasst oder so ausgebaut werden sollen, sodass ein beruflicher Aufstieg im Sinne des Berufsbildungsgesetzes (BBiG) möglich wird.

Frauenquote
Die Frauenquote bezeichnet den Anteil der Frauen bei der Vergabe von Stellen. Ziel ist die Gleichberechtigung der Frauen.

Frauenrechtsbewegung
Die Frauenbewegung ist eine globale soziale Bewegung, die sich für die Rechte von Frauen und die Verbesserung ihrer gesellschaftlichen Stellung einsetzt. Wichtige Themen sind die Gleichberechtigung der Frau und die Neubewertung der tradierten Geschlechterrollen.

Fremdeinschätzung
Fremdeinschätzung bezeichnet die Beurteilung durch andere. Das Gegenteil zur Fremdeinschätzung ist die Selbsteinschätzung.

Front Office
Das Front Office ist der Bereich eines Dienstleistungsunternehmens, der in unmittelbarem Kontakt mit den Kunden steht. Der Begriff kommt aus dem englischen Sprachbereich, heißt wörtlich übersetzt Vorderbüro und ist im Hotel die Rezeption bzw. der Empfang.

G

Gleichstellungspolitik
Gleichstellungspolitik meint das Handeln der Staaten, das auf die Gleichberechtigung von Mann und Frau abzielt.

I

Ich-Botschaft
Ich-Botschaften sind Äußerungen, in denen man die eigene Meinung und die eigenen Gefühl in der Ich-Form äußert.

IHK
Die Industrie- und Handelskammer (IHK) vertritt die gewerbliche Wirtschaft gegenüber der Regierung und den Behörden, den Parlamenten und den Gerichten durch Stellungnahmen, Gutachten ... Die IHK ist – aufgrund des Berufsbildungsgesetzes – die zuständige Stelle für alle Fragen der Berufsbildung, insbesondere für das Prüfungswesen. Sie registriert jeden Ausbildungsvertrag in einem Verzeichnis der Berufsausbildungsverhältnisse und überprüft bei der Eintragung die Eignung des Ausbildungsbetriebes sowie des Ausbilders. Sie hilft auch, wenn ein Mitgliedsunternehmen Beratung, Vermittlung und Information benötigt.

Inklusion
Inklusion meint Einschluss oder Dazugehörigkeit. Durch die Inklusion sollen die Rechte aller Menschen mit ihren individuellen Eigenschaften gleichermaßen berücksichtigt werden, z. B. im Bildungssystem oder auf dem Arbeitsmarkt.

intentional
Das Adjektiv „intentional" bedeutet „beabsichtigt" oder „zielgerichtet". Beim intentionalen Lernen handelt der Lernende bewusst und hat ein bestimmtes Ziel vor Augen.

Interaktion
Der Begriff „Interaktion" bezeichnet die wechselseitige Beziehung zwischen zwei oder mehreren Menschen.

K

Kommunikation
Kommunikation stammt vom lateinischen *communicare* und bedeutet „teilen, mitteilen, gemeinsam machen". Es bezeichnet den Austausch bzw. die Vermittlung von Informationen zwischen zwei Lebewesen.

Kommunikationsfähigkeit
Der Begriff „Kommunikationsfähigkeit" beschreibt die Kompetenz, sich mit anderen Personen zu verständigen. Hierzu gehört, Aussagen klar und deutlich zu formulieren, aber auch jemandem zuzuhören.

Kommunikationsmodell
Ein Kommunikationsmodell erklärt, wie die Verständigung zwischen Menschen abläuft.

Konflikt
Ein Konflikt bezeichnet eine Auseinandersetzung zwischen zwei oder mehreren Personen oder Gruppen.

Konfliktfähigkeit
Jemand, der Konfliktfähigkeit besitzt, ist in der Lage, sich einer Auseinandersetzung zu stellen und sie friedlich zu lösen.

L

Lifelong Learning
Der Begriff „Lifelong Learning" kann mit „lebenslanges Lernen" übersetzt werden und bedeutet, dass man bis an sein Lebensende sein Wissen und seine Fähigkeiten erweitert.

M

Mobilität
Mobilität bezeichnet die Bereitschaft, eine längere Strecke zur Arbeit zu fahren oder den Wohn- oder Arbeitsort für die Arbeitsstelle zu wechseln bzw. ins Ausland zu gehen.

N

nonverbale Kommunikation
Bei einer nonverbalen Kommunikation teilt sich eine Person nicht durch Sprache, sondern durch Bewegungen der Hände und den Gesichtsausdruck mit.

P

Prävention
Prävention bedeutet Vorbeugung. Im Berufsalltag geht es darum, durch bestimmte Aktionen und Tätigkeiten Krankheiten und damit auch einen Arbeitsausfall zu verhindern.

Q

Qualifikation
Der Begriff Qualifikation beschreibt das Arbeitsvermögen eines Menschen. Dieses setzt sich aus fachlichen und sozialen Kompetenzen zusammen.

S

Schlüsselkompetenzen
Schlüsselkompetenzen sind wichtige Fähigkeiten, die man für den Berufsalltag in allen Berufen benötigt.

Selbsteinschätzung
Die Selbsteinschatzung ist die Beurteilung der eigenen Person. Eine realistische Einschätzung der eigenen Stärken und Schwächen ist für die Berufswahl vorteilhaft.

Solidarität
Solidarität bedeutet, ein Gemeinschaftsgefühl oder eine Verbundenheit zu haben. Solidarität zeigt sich darin, dass Menschen einander helfen und sich gegenseitig unterstützen.

sozial
Der Begriff „sozial" kommt aus dem Lateinischen und bedeutet „gemeinsam" oder „verbunden". Jemand der sozial ist, interessiert sich für andere und ist hilfsbereit.

soziale Einrichtung
Soziale Einrichtungen sind Organisationen, die bestimmte Personen oder Personengruppen betreuen oder unterstützen oder Möglichkeiten der Freizeitgestaltung anbieten.

soziales Geschlecht
Das soziale Geschlecht (engl. *gender*) bezeichnet, was in einer Kultur als typisch für ein bestimmtes Geschlecht angesehen wird.

soziale Kompetenzen

Soziale Kompetenzen sind Fähigkeiten, die für eine positive Gestaltung des Zusammenlebens und Zusammenarbeitens nützlich oder notwendig sind.

soziales Verhalten
Soziales Verhalten bezeichnet ein positives Verhalten gegenüber anderen Menschen. Hierzu gehören Einhalten von Regeln, Hilfsbereitschaft, Respekt und Rücksichtsnahme.

Sozialpädagogik
Die Sozialpädagogik ist die Wissenschaft, die sich mit Bildung und Erziehung beschäftigt. Wer als Sozialpädagoge arbeitet, erzieht, fördert und unterstützt Kinder oder Erwachsene im Lebensalltag.

U

Umgangsformen
Umgangsformen sind Verhaltensweisen, die sich auf das Zusammenleben auswirken. Man spricht häufig von guten Umgangsformen. Hierzu zählen unter anderem gutes Benehmen und Höflichkeit.

unsozial
Unsozial ist jemand, der nur an sich selbst denkt und sich nicht für andere einsetzt.

unsoziales Verhalten
Unsoziales Verhalten bezeichnet ein negatives Verhalten gegenüber anderen Menschen, wie zum Beispiel psychische oder physische Gewalt.

V

verbale Kommunikation
Bei der verbalen Kommunikation erfolgt die Verständigung zwischen zwei Personen durch Sprache.

vollzeitschulische Ausbildung
Diese Form der Ausbildung findet an Schulen mit Vollzeitunterricht statt (Berufsfachschulen …). Dabei hat der Praxisanteil einen von Ausbildungsberuf zu Ausbildungsberuf unterschiedlichen Umfang. Diese Form der Ausbildung stellt eine Alternative zur Ausbildung im dualen System dar.

W

Weiterbildung
Berufliche Weiterbildung bedeutet, dass man seine Kenntnisse und sein Können in einem bestimmten Bereich erweitert und ausbaut. Sie umfasst auch Umschulungen, autodidaktische Weiterbildung und betriebliche Weiterbildungsmaßnahmen.

Weiterbildungsinstitutionen
Eine Weiterbildungsinstitution ist eine Einrichtung, die Kurse anbietet, die der Fortbildung dienen.

wertschätzende Haltung
Eine wertschätzende Haltung zeigt sich darin, einer anderen Person gegenüber Respekt zu zeigen und sie mit ihren Stärken und Schwächen anzuerkennen.

Work-Life-Balance
Der Begriff „Work-Life-Balance" ist zusammengesetzt aus den englischen Begriffen *work* (Arbeit), *life* (Leben) und *balance* (Gleichgewicht) und bezeichnet das Gleichgewicht zwischen Arbeit und Privatleben.

Z

Zivilgesellschaft
Als Zivilgesellschaft bezeichnet man den Bereich der Gesellschaft, in dem sich Menschen freiwillig und öffentlich für Veränderungen einsetzen. Zur Zivilgesellschaft gehören unter anderem Vereine, Parteien und Umweltorganisationen.

Bildquellennachweis

Umschlag.1 Fotolia LLC (godfer), New York; **Umschlag.2** Thinkstock, München; **Umschlag.3** Fotolia LLC (yannick saint-andre), New York; **Umschlag.4** iStockphoto (don_Vladimir), Calgary, Alberta; **1.1** Thinkstock, München; **1.2** Fotolia LLC (yannick saint-andre), New York; **1.3** iStockphoto (don_Vladimir), Calgary, Alberta; **4** Fotolia LLC (helix), New York; **6.1** Fotolia LLC (Monkey Business), New York; **6.2** Bundesverband Deutsche Tafel e.V., Berlin; **6.3** Eisenhans - Fotolia.com; **7** MairDumont GmbH & Co. KG, Ostfildern-Kemnat; **8.1** Thinkstock (iStockphoto), München; **8.2** Fotolia LLC (Jaimie Duplass), New York; **8.3** Action Press GmbH (GREGOROWIUS, STEFAN), Hamburg; **8.4** Fotolia LLC (contrastwerkstatt), New York; **8.5** Thinkstock (iStockphoto), München; **8.6** Fotolia LLC (areafoto), New York; **8.7** Lebenshilfe für behinderte Menschen e.V. Kempten (Reinhold Negele), Kempten; **8.8** Bananastock, Watlington/ Oxon; **9** shutterstock (konstantynov), New York, NY; **10** contrastwerkstatt - Fotolia.com; **11** contrastwerkstatt - Fotolia.com; **14** Klett-Archiv, Stuttgart; **15** Klett-Archiv, Stuttgart nach einer Grafik des Bundesinstituts für Berufsbildung, Bonn; **16.1** iStockphoto (aldomurillo), Calgary, Alberta; **16.2** iStockphoto (urbancow), Calgary, Alberta; **18.1** BigStockPhoto.com (Blaj Gabriel), Davis, CA; **18.2** shutterstock (nakamasa), New York, NY; **18.3** Thinkstock (iStockphoto), München; **18.4** iStockphoto (matka_Wariatka), Calgary, Alberta; **18.5** Fotolia LLC (Udo Kroener), New York; **18.6** shutterstock (Robert Kneschke), New York, NY; **24** Klett-Archiv, Stuttgart; **25** Fotolia LLC (gilles lougassi), New York; **30** Fieseler, Ralf, Leimen/Baden; **31** Thinkstock (BananaStock), München; **32.1** shutterstock (Goodluz), New York, NY; **32.2** Thinkstock (Goodshoot), München; **35** Fotolia LLC (Gina Sanders), New York; **37.1** DIHK - Deutscher Industrie- und Handelskammertag e.V.: WIS - Weiterbildungs-Informations-System der IHK-Organisation; **37.2** Bundesagentur für Arbeit, Nürnberg; **37.3** IBB Institut für berufliche Bildung (www.ibb.com), Buxtehude; **38.1** shutterstock (Sakala), New York, NY; **38.2** Thinkstock (Goodshoot), München; **38.3** shutterstock (Goodluz), New York, NY; **39.1** shutterstock (Lisa F. Young), New York, NY; **39.2** shutterstock (StockLite), New York, NY; **39.3** shutterstock (Tatagatta), New York, NY; **40.1** micromonkey - Fotolia.com; **40.2** micromonkey - Fotolia.com; **41.1** shutterstock (Monkey Business Images), New York, NY; **41.2** Tetra Images/Corbis; **43** Thinkstock (Hemera), München; **44.1** shutterstock (Andresr), New York, NY; **44.2** iStockphoto (matka_Wariatka), Calgary, Alberta; **46.1** Thinkstock (Goodshoot), München; **46.2** Fotolia LLC (runzelkorn), New York; **47** Boys'Day - Jungen-Zukunftstag/www.boys-day.de; **58.1** shutterstock (Kurhan), New York, NY; **58.2** shutterstock (Goodluz), New York, NY; **58.3** iStockphoto (RF/Grotzinger), Calgary, Alberta; **59** shutterstock (Alain Lauga), New York, NY

Textquellennachweis

S. 47 O-Ton von www.belauscht.de. http://www.belauscht.de/?s=Schwester+Herr+Doktor (03.08.2010)
S. 47 Bundesweite Koordinierungsstelle Boys'Day: Erster Boys'Day am 14. April 2011. http://www.boys-day.de/Presse/Pressemitteilungen (11.04.2011)
S. 54 Dem Gesundheitssystem droht der Kollaps. http://www.handelsblatt.com/politik/deutschland/dem-gesundheitswesen-droht-der-kollaps/3567880.html?p3567880=all (20.10.2010)

Sollte es in einem Einzelfall nicht gelungen sein, den korrekten Rechteinhaber ausfindig zu machen, so werden berechtigte Ansprüche selbstverständlich im Rahmen der üblichen Regelungen abgegolten.